TENCENT PRODUCT BASIS

腾讯产品法

李立◎著

前言

思考力决定产品力

随着设计工具的持续进化，我们可以看到，很多过去需要手工设计完成的工作已经开始被自动化工具所替代。假如把目光再放得远一些，当人工智能发展到可以帮助我们遍历问题的解决方案时，产品设计工作到底还要做些什么？未来产品设计者的价值将体现在哪里？如果说这只是一种远虑，摆在我们面前的近忧也颇令人担心：移动互联网将世界和中国拉到同一起跑线上，美国产品模式不再是我们可以直接效仿的对象。互联网产品创业进入深水区，表面看似热潮汹涌，但真正活下来还活得很好的产品并不多。

所有现象都指向一个重要的方向：知道如何去做就能胜出的产品时代已成为过去，产品竞争开始转向思考力的竞争，更加考验设计者问对问题的能力。

在这场残酷的通关游戏中，偶尔问对一两个问题是不够的，设计者需要在产品设计、成长的所有阶段都“问对”并“做对”，产品才有存活与发展的可能。

那么，如何修炼思考力，在每个阶段都问对问题呢？我认为首先需要灵活运用一些思维模式，提升看问题的高度；其次则是要看清每个阶段核心问题的本质。

比如，我们该如何思考需求的本质？

有一种思路认为：产品具有某功能特性，用户就自然会用该特点去理解和使用它。用户对产品的需求由产品自身所具备的功能决定。顺着这种思路走下去，设计者的任务会聚焦在强化产品的“好”上，似乎只要质量、美观度等方面提升再加上不断地宣传，用户对产品的需求自然就会水涨船高。但事实上，这种做法的结果常常事与愿违。用户并不像我们期待的那样去理解产品，相反，他们表现得特别“不听话”。固执的设计者会认为问题出在用户身上，用调侃的话讲就是“这一届用户不行，不懂欣赏”。

而善于思考的设计者则会反思自身，开始怀疑“说不定我对需求的理解出了问题”。一旦类似的自我质疑出现，思考的魔力也将随之显现，它将带我们走向更靠近真相的地方。比如就需求而言，如果继续思考影响它的所有力量，我们就会发现在真实世界里煽动欲求只是一种正向的助推力，还存在一种负向的阻滞力——成本。在本书中，你将看到我用更多的笔墨探讨这种负向力量，因为在产品设计实践中“解决问题、降低成本”才是设计者更关心的议题。

如果再进一步，加入时间的维度，我们还会发现需求将受到环境变迁的影响，它还具有适应性的特征——需求是有弹性的。由此层层分解下来，我们才能真正看清用户对产品的需求。

类似的，产品设计者对问题的思考也大体可以分为这样三个阶段。

阶段一：以片面、固化的眼光看问题，只看到零散的表象和静止的格局。解决方案呈点状随机分布。

阶段二：以宏观、系统的眼光看问题，能看到产品与产业、产品与其他产品的关系和位置。解决方案开始具有系统性特征。

阶段三：以动态、演进的眼光看问题，能看到时间长河中问题变化的趋势。解决方案能够助推产品顺势成长。

设计者修炼产品设计能力的过程本质上就是一个思考力进阶的过程。

思考的初级阶段

我是 2007 年加入腾讯的。和很多一毕业就从事产品设计工作的腾讯人不同，我属于典型的“半路出家”，直到 2009 年内部转岗到 QQ 秀产品部，才开始接触和产品相关的工作，又在进入无线安全产品部后开始真正负责策划一个产品。

刚开始接触产品设计的我明显处于思考问题的初级阶段，下面罗列了一些当时遇到的典型问题：

☆ 我时不时会有这样的感觉：怎么这边的问题刚解决那边的问题又冒出来了？这种“打补丁”的现象总是一再出现；

☆ 我每天都能收到数量众多的需求，但这些需求之间存在着矛盾和冲突，在这一团乱麻的需求中，找不到一个显著的产品突破口；

☆ 我的产品解决方案总是特别依赖于团队的头脑风暴和灵光一现，自己分析问题时总是没什么底气，无法很好地说服他人；

☆ 我认为产品设计迭代就是不断叠加新功能的过程，但在不断添加功能的过程中，产品变得越来越臃肿；

☆ 我曾经取得过阶段性的成功，但无法确定自己当时做对了什么，从那以后，我似乎无法再次获得成功的体验；

……

从上面的问题可以看出，当时的我完全是“站在产品内部做产品”。由于毫无设计章法，只能被动地做出反应，哪里出问题就修补哪里。虽然这种状态在后两年通过学习积累有所改善，但我也只是能做到比较合理地应对问题，谈不上洞悉问题本质。

思考的中高级阶段

更大的转折发生在2014年我离开腾讯以后。

这期间我一度非常迷茫，辗转过好几家不同的互联网公司。它们的规模有大有小，有当时受资本追捧的旅游、运动领域的公司，也有刚成立不久的初创型企业。在这一过程中，我意识到腾讯——这个平台本身赋予一个产品经理的意义，意识到并不是我的产品设计实力有多强，我只不过幸运地在一个好的平台上做事而已。平台放大了我对自身能力的认知，让我对自己产生了虚幻的自信。直到投身于创业公司，只身杀入高度竞争、无处借力的环境，我对产品把控能力的一切真相才现出原形。

必须承认，虽然工作内容相似，但在腾讯做产品时，我的整个心态是不同的。简单说，就是“有底气”和“没着落”之间的区别。在腾讯做产品时我重点关注的东西大都聚集在用户体验层面，主要思考的问题都是：用户在哪些场景使用产品、如何使用、怎样设计能让他们获得更好的体验等，但这些东西一旦应用于创业环境就会明显令人感到捉襟见肘。在复杂的产业格局和竞争环境中，似乎只有“以最小成本最大限度撬动产品成长”才算得上是产品设计的真命题。

直到这一阶段，我才开始恶补更多关于产品、产业及战略方面的深度内容，开始思考一些过去“看到过”但从未“真正重视”的问题。这期间，我不断拷问自己下面这些问题：

☆ 怎么判断某个创业点是值得放手一搏的?

☆ 产品人最常谈论需求,可需求的本质是什么?如何才能深度洞察它?

☆ 作为产品设计者,到底该如何更策略化、体系化地去思考问题,寻找产品存活的正确路径?

☆ 面对不断变化的外部环境和层出不穷的竞争者,我要如何应对?如何制胜?

☆ 从无到有构建一个全新的平台,需要同时撬动两端不同类型的用户时,怎么做才是有效的?怎样才能跳出“鸡生蛋蛋生鸡”的死循环?

☆ 我很担心自己的产品被他人模仿,想知道怎样才能为自己的产品构建有效的产品“壁垒”,确保领先地位;

☆ 我的产品不断受到来自资本、战略升级的压力,该如何平衡或有效解决用户需求与商业需求之间的矛盾呢?

……

所有这些困扰过我的问题进一步倒逼着我反思过去在腾讯时学到的东西。我才发现自己过去对产品的理解有多么肤浅,一些当时本应去深思、复盘的东西,都被我轻易放过了。腾讯有很多经典产品,也有很多非常优秀的产品经理,但显然当年身在腾讯的我并不属于优秀产品经理中的一员。

自以为是，是产品设计者开始要停止思考的危险信号；而不求甚解，则是一个产品设计者最致命的缺陷。这些，都是我近几年里学到的残酷教训。

摸索产品设计的底层思路

本书是我经过近几年的学习和复盘,重新整理还原的一套“腾讯产品法”体系。我试着将之前自己遇到过的问题都纳入本书内容，以体系化的方式进行回答。但就像书中一再强调的那样，我由衷认为：重要的永远不是工具、答案，甚至方法论，而是设计者到底如何思考问题。

因此，本书将“产品思维”设置为第一章，首先以案例和思考相结合的方式介绍有助于设计者正确思考的五大基础思维。在这一基础上，后面的二到五章内容再“以问题为导向”为你解读需求、战略、产品设计开发与运营的本质与核心问题。有意思的是，你将看到越往表层走，问题变得越具象，越往底层走，问题则越抽象。具象的表现层变化剧烈，抽象的底层则能够以不变应万变。

本书重在阐述腾讯设计产品的底层思路，阐释设计者发现问题、定义问题、拆解问题的全过程。案例方面以腾讯产品为主，但不会仅限于腾讯产品，毕竟，优秀的产品在思路上总有共通之处。

在产品设计领域，我深知自己只是个“野路子选手”，没有资格代表所有腾讯产品人（包括现在的和曾经的）发声。之所以有勇气写下这本书并以“腾讯产品法”冠名，一方面来自公司同伴的支持和鼓励，另一方面，基于分享的初衷，怀抱着一种写给过去的自己的心情，想要创作一本刚从事产品工作的我想要读到的书。

产品设计来源于实战，产品工作更是一件“行远胜于言”的工作。所以在我看来，自己的身份只不过是一支传声筒，把一些资深产品人早就知道的东西换一种形式转述出来而已。如果一个人对自己模仿的事物有真知的话，他一定不愿献身于模仿而宁愿献身于真的东西。他会热衷于制造许多出色的真的作品，留下来作为自己身后的纪念。我也知道，在我写作这本书的时候，更多产品人正奋战在设计的第一线，用他们的思考和行动实实在在地构建着自己的产品王国。他们甚至没时间写什么方法论，他们是真正用产品说话的人。本书向他们致敬。

此外，在写作形式上，我希望以尽可能简单生动的方式完成本书的创作。因为在过去的产品团队里，我常是最笨的那个，很多时候必须不断向同事们询问、确认才能慢慢理解一个问题。由于常常“将脑子取下来放兜里”，必要的时候才“取出来装上用一用”，这样的我一直对复杂问题心存恐惧。我相信在产品设计领域一定也有一些和我一样慢半拍的设计者，他们或许不断面对打击，却一路咬牙坚持着。本书也为他们而作。

我一度非常担心自己有限的见解会误导读者或令外界误解腾讯的设计水准。因此，为避免创作偏差做了一些功课：一方面努力搜集网络、书籍等多方资料；另一方面，积极参加资深腾讯产品人授课的工作坊,尽可能全面地对书中的方法论进行反复确认。但即便是这样，本书内容依然基于我现有的视野和认知，仍难避免其局限性和可能存在的疏漏，不足以诠释整个腾讯的产品方法论体系。特此说明，以待有识之士批评斧正。

目录

第一章 产品思维

第二章 洞见需求

第三章 产品设计

第四章 产品成长与运营

第五章 企业战略与产品

第一章

产品思维

古人云："夏虫不可以语冰。"不论我们如何思考，都不可能触及自身思维框架之外的领域。可以说，一个人的思维习惯决定了其思考力的疆界。

因此，在谈论具体的产品设计问题前，我们先来看看五种最基础的产品思维，它们依次是：本质思维、相对思维、抽象思维、系统思维以及演化思维。沿着这座思维阶梯向上攀爬，你将获得一些神奇的体验。例如，发现自己可以更准确地解释以前在工作中习以为常的工具和方法论，可以轻松看到它们形成的源头。

而当我们真正做到"知其然又知其所以然"时，就相当于给自己量身定制了一个多功能的思维框架。所有产品思路都有了归宿，不会再凌乱无章，东一块西一片。就像查理·托马斯·芒格（Charlie Thomas Munger）提到的"普世智慧"一样，面对问题时使用多种思维交叉验证，我们导出方案的质量和效率都将获得大幅提升。

第一节　本质思维：第一性原理

一个产品设计者最核心的思维能力是什么？

对于这个问题，也许不同的人会有不同的结论。毕竟从表面看，产品设计所涉及的能力范围实在太广了。从需求分析、战略制定、方案设计、项目执行，到运营推广、数据分析等，所有环节都需要产品设计者深度参与。如果说只需要拥有一种能力就能应付这一切，未免显得太过大意了。

但就像一个好的产品只要一句话就能讲清楚一样，最重要的思维能力只有一个。

我曾在很多优秀的腾讯同事身上见识过这种思维能力，尽管他们的岗位职责往往是完全不同的：有些负责产品策划，有些负责开发或测试，还有些负责设计或运营。然而，他们却能以同样的方式思考问题，在观察问题时看到冰山下隐匿的真正关键。

这些家伙眼光毒辣、直指要害，论述起问题来又逻辑缜密、极具说服力，一次又一次令我叹服：为什么他们思考问题的角度总是与众不同？为什么他们总能提出那些看起来令人眼前一亮的新点子呢？为什么自己距离真相总是差最后一步呢？

直到离开腾讯几年后的今天，在回顾了很多具体的产品案例之后，我才依稀回过神来，把他们身上那种神奇的思维方式搞清楚：

所有产品设计，说穿了都是在构建体系，而只有了解这个体系本质上是什么，才有可能以最高效的方式完成逆向构建。所以产品设计者最重要的思维能力就是洞察问题本质的能力。

在物理学领域，这种思考方式被称作“第一性原理”。它的意思是：从头算起，只采用最基本的事实作为依据，然后再层层推导，得出结论。

那么，不具有本质思维能力的设计者容易犯什么样的错误呢？让我们从一条狗和一堆骆驼粪的故事说起。

巴甫洛夫的狗与“标准情景框架”

心理学家巴甫洛夫做过一个著名的实验：他在每次给狗送食物前打开红灯并响起铃声。这样经过一段时间以后，发现只要铃声一响或红灯一亮，不管食槽里有没有食物，狗都会开始分泌唾液。

我们现在已经很清楚这是由条件反射引起的。对那只狗来说，最开始分泌唾液的条件是“看见食物存在”这一基本事实。可后来，由于实验者不断地将红灯、铃声这两个不相干的事物和食物建立起强关联，狗渐渐就习惯了，在它的认知里，红灯、铃声开始和食物画上了等号。

事实上，条件反射作为一种心理机制，不仅作用于狗或人类的神经系统，也同样潜伏在我们的思维方式里。只不过，因为这种反射形成的时间比较长，往往会被我们不经意地忽略掉。

有这样一个真实的故事：

二战时期，英国空军规定，后勤部门要用骆驼粪来给战机的皮革座椅做保养。骆驼粪恶臭难忍，而且由于数量短缺，时常有战机不能及时得到保养，因此这项规定让空军后勤兵们着实苦恼不已。

直至有一次，一位参加过一战的老兵前来探望在后勤部门任职的儿子，看见儿子正忙着用骆驼粪擦拭座椅，便心生疑问："你们怎么还在用骆驼粪擦皮革？"

儿子回答道："我们一直如此，这是规定。"

老兵开怀大笑："当年我们在北非的沙漠地区作战，需要用骆驼运输大量物资。可是，部队中很多皮具是用牛皮做的，骆驼闻到味道就会赖着不走。所以就有人想到用骆驼粪来擦拭皮具，以便盖住牛皮的气味。没想到几十年后，这个方法却被沿用到飞机上，真是太可笑了！"

瞧，只要时间的跨度足够长，即使是最聪明的人也难免会犯下类似的错误。事实上，这种状况在产品设计领域也屡见不鲜。例如，美国航天飞机火箭助推器的宽度，竟是由两千多年前两匹马屁股的宽度决定的。[①] 当然，在这个案例里，时间的跨度更长。

如果我们仔细复盘问题的原因，就会发现，人们执着于错误做法的核心依据是：别人都是这么做的，过去都是这么做的。

可见，人类并不比巴甫洛夫的狗强多少，只不过“别人”和“过去的经验”充当了我们的“红灯”和“响铃”罢了。也正是由于时间跨度过长，在心理学上不把这样的模式称作条件反射，而是把它叫作“路径依赖”——不得不承认，这个名字还挺生动形象的：在某条路上走得太久了，习惯成自然，于是就忘记了最开始为什么要选择走这条路。

解决这个问题的办法也很简单，就是看到任何一样东西，都要清楚地意识到：它的背后站着无数个设计者，没有“本来就该是那个样子”的产品。

大到城市村落的分布、道路交通、全球航线的设计，小到你身边一个灯泡、一把牙刷、一块肥皂的设计，所有这些产品，背后都有它的设计故事。只有抛开“别人怎么做”“过去怎么做”的参考，直接回归初始问题去进行推导，才有可能获得与众不同的视角。

---

① 由于美国航天飞机的火箭助推器在制造完毕后需要用火车运送，因此设计宽度必须与铁轨的宽度相同，铁路轨道的宽度因循了早期电车轮距的标准，电车的标准则是沿用马车的轮距标准，马车的轮距是根据过去英国马路的辙迹测算而来。在整个欧洲，包括英国的长途老路都是由罗马人根据罗马战车的轮距所铺设的，而罗马战车的轮距，其实正是牵引战车的两匹马屁股的宽度。

连环追问法

运用连环追问法不断地追问“为什么”，是实践第一性原理的最佳方式。使用它有两类好处：

☆ 通过对问题的连环追问，我们能发现表面问题背后的真正问题到底是什么；

☆ 通过对人的连环追问，我们能弄清楚人们真正需要的是什么。

先来看第一类，对问题的连环追问。

我们前面已经提到，现存于眼前的所有行业、组织、解决方案、设计模式等，统统都不是本来、天然就存在于这个世界的。它们都经历了漫长的发展变化，凝聚了很多前人的思路和实践经验。

所以，回顾并深入理解这些思路和实践经验就是产品设计的基础。我们可以试着提出下面的问题来厘清过去设计者的思路和发现新问题：

Q1：他们当时为什么要那样设计？

Q2：这种设计基于当时的何种前提条件？

Q3：所有前提条件直至现在都没有发生任何变化吗？

Q4：随着时间和环境的变化，有引入新的问题吗？

接着，我们需要意识到：这些某种程度上已成定式的思路和经验并不一定是问题的唯一解决路径。尤其随着时间推移、环境变迁、技术变革，解决同一个元问题的最佳方案有可能已悄然改变。

例如，硅谷钢铁侠埃隆·马斯克（Elon Musk）就成功运用了这一思维方式，将特斯拉汽车电池组原来高达每千瓦时 600 美元的成本，缩减到了每千瓦时 80 美元。

如果试着模拟马斯克和特斯拉同事的对话，大概会是这样的：

Q1：特斯拉电动汽车的成本为什么不能再降低呢？

A1：因为各个组成部分的成本都似乎不能再降低了。

Q2：那么电动汽车有哪些重要的组成部分呢？

A2：电池、电机、电控……

（进行分组追问，以电池组的追问为例）

Q3：电池的构成材料都是些什么？

A3：电池是由碳、镍、铝、其他用于分离的聚合物以及一个金属罐构成的。

Q4：这些材料在伦敦金属交易所现货市场的价格如何？

A4：在现货市场的价格只有现在电池组的十分之一左右。

Q5：那我们为什么不能想办法自己改进电池组，使它的价格降下来呢？

A5：看来我们可以试试！

一旦抛开“别人”和“过去”这些参照物，另一种可能就自然浮现了。

再来说说第二类，对人的追问。

古希腊最智慧的哲人苏格拉底就把对人的连环追问法运用得炉火纯青。柏拉图的《理想国》里，记载了大段大段苏格拉底和众人对话的内容。其中我们不难发现，苏格拉底与人沟通的模式是完全顺着对方的想法步步深入下去的。他通过一个又一个的肯定——“Yes”和询问——“Why”，不断探询、确认对方的观点，进而彻底了解到那些隐于源头的想法。

苏格拉底为我们示范了对人运用连环追问法的前提：我们需要发自内心地理解对方，站在对方的立场上鼓励他讲出自己的真实想法。这种提问的方法，也被称为“助产式”提问法。

产品设计者在工作中也常用这种方法来确认用户的真实需求。在搜集用户反馈时，用户会从自己的经历出发去提出很多的意见和建议，这时如何理解问题的本质就变得非常重要。

我们往往无法通过连环追问法直接确认用户最本质的需求，这就像马车时代的用户不可能提出想要一辆汽车的诉求，而是会表达为需要一匹更快的马——事实上用户想要的无疑是更快地到达目的地。

通过连环追问，你能够搜集到的用户反馈质量是不同的，但它能够帮助你更清晰地看到用户提出某种需要背后的真实动机。要特别珍视无法理解用户动机的情况，因为这往往藏着被我们忽略掉的某种使用场景。

过去我担任 QQ 同步助手的产品经理时，曾有一个用户的反馈就给我留下了深刻印象。

当时，我们正针对产品的新版本进行设计，尝试将云端保存的通讯录与手机本地通讯录保持一致。但是我们发现，有些用户并不想要云端备份的通讯录和手机本地的通讯录一模一样。于是，针对这一类型的用户反馈，我们进行了进一步沟通，下面大致还原这一沟通过程：

Q1：为什么你认为备份的通讯录和手机里的保持一致是无法接受的呢？

A1：因为我备份就是为了让云端的通讯录尽可能全，不然我干吗要备份？

Q2：好的，我理解你的意思是手机里存的联系人要比云端通讯录更少、更精简，这样用起来才觉得方便，对吗？

A2：是的。

Q3：为什么这样更好用呢？因为通讯录联系人太多了吗？还是出于其他的考虑呢？

A3：是的。我是做大客户销售的。第一，我不希望一打开手机通讯录能看到所有客户资料；其次，我存的联系人数量很多，但有些人我联系的频率极低，只希望有个备份，不希望他们（的号码）一直驻留在我手机里。

Q4：好的，你看我这么理解对不对？有一部分通讯录资料你不想让它显示在手机里；但同时，你希望在某些情况下（偶尔）可以快捷地把它们找回来。

A4：是的，想找的时候通过你们的软件能看到就行。

通过这样一番追问，我们了解到了用户的真实意图，并将这一特殊情况纳入后续设计之中。当然，需要说明的是，用户的需求并不是都要充分满足的，后续我们会进一步分析需求取舍的问题。

而这里值得重点关注的是，在全面了解用户需求时，运用第一性原理，站在用户立场上进行追问，往往能获得比较深入的洞察。我们只有先足够全面地“看到”用户的各种需求，才有可能在此基础上进行抽象和取舍。

全面“看到”，是通往解决方案的第一步。

微信群的设计

我们可以试着用一个案例分析来看看在产品设计过程中是如

何运用第一性原理的。

不妨来考虑这样一个问题：如果穿越回 2011 年，要作为微信的产品经理去设计“群”功能，你将如何思考，如何设计？

首先，我们来到问题的源头，看看对微信来说，用户为什么需要“群”？

在着手回答这个问题之前，我们可以看看在微信之前的类似产品都是怎么做的。当时，类似具有群功能的产品有：腾讯的 QQ、阿里的旺旺等即时通信产品，新浪微博、Facebook（脸书）等社交网络产品，以及诞生不久的 Google+。

这里需要澄清，当我们谈到第一性原理的运用时，有一种认识认为必须抛弃类比思维，也就是不去看同类产品是怎样做的，而直奔自己的设计目标。但在真实的设计过程中并非如此。相反的，对前人所运用方案的充分理解是第一性原理运用的基础，“拒绝被同类产品的设计影响”和“压根不懂同类产品的设计”是完全不同的两件事。

我们开始运用连环追问法厘清过往设计者的思路：

Q1：他们当时依循了怎样的设计规则？

A1：总结主要的设计规则如下：（1）由某个用户进入“群功能”的入口发起创建，生成一个全新的群 ID；（2）他把这个 ID 告诉相关的好友，群 ID 层层传播，有需要的人可以通过“群功能”入口搜索到这个群 ID，加入群；（3）发起人（群主）审核（当时对于是否需要审核机制，不同产品有不同定义，但这点不是最重要的）通过后，申请人进群。

Q2：他们当时为什么要这样设计群？

A2：因为“群”作为一个联系中心存在，更像是某种特殊的会议或组织，这种组织一般是为了实现特定功能、提供特定服务而存在的。

Q3：这种设计基于当时的何种前提条件？

A3: 前提条件是：用户之间的关系虚拟大于现实，也即，线上好友与线下好友的重合度不高。

Q4：现在所有前提条件都没有发生变化吗？

A4：发生变化了。由于微信的注册方式以手机为主，并且加好友策略非常谨慎（双向确认），在这样的用户关系链里，现实大于虚拟，也即，线上好友与线下好友的重合度很高。

Q5：随着时间和环境的变化，有引入新的问题吗？

A5：有，用户需要更加贴近真实环境的群社交形式。

通过以上连环追问，我们就弄清了微信群设计的目标：让用户在网络世界中实现和真实世界一样自然、高效的群体交流。那么，具体该怎么做呢？

作为微信产品经理，依然可以运用第一性原理去整理真实世界里人们的社交群聚关系。这时候，通过观察和梳理，你或许能够找到群功能设计的关键：

Q1：真实世界里，群体有哪些特征？

A1：群体存在于场景中，人们随着场景的转换接触不同的群体，上午工作时，会因为要讨论问题而聚到一起；中午要吃饭时，附近的几个同事聚到一起商量去哪里吃；下班后，几个好友分别联系着一起去踢球，或逛街、看电影。

Q2：它们的人员是固定的吗？

A2：群体具有随机性，在所有场景中，群体参与者并不固定。讨论A项目工作的是一拨人，讨论B项目可能又是另一拨；相约活动的好友也不一样，可能今天和这拨人踢球，明天又是另一拨，吃饭或看电影的又是完全不同的另一拨。

Q3：人们认知群体的过程如何？

A3：对群体的认知存在于个体：人们是通过"有甲、乙、丙这些人在这个群里"的认知来识别不同群体的。所以当你想要发起一次聚会时，总会先去联系群体中的某一个人或某几个人。

不要停止，基于这些特征，对比旧产品的设计方式，你可以继续追问下去：

Q4：在真实世界中，群ID是一个自然的东西吗？它的存在是必需的吗?

A4: 不是。因为随机性大于固定性,群 ID 是一个固定的、提前预设的东西。

Q5：人们不会有一个“群”的概念，但事实上确实一直身处群体之中，是吗?

A5：是的。

其实追问到这里，产品的设计形态已经呼之欲出了。

不过，我们可以发现在当时并非没有符合以上要求的产品——2011 年 6 月，谷歌推出了社交网络产品 Google+。

Google+ 以圈子（Circles，即 Google+ 的“群”）为中心构建了自己的产品体系。它主打的圈子群形态和上述众多产品是有区别的。它不认为群是一个辅助的沟通手段，而认为“人们天生就应该属于某个群”“群是人们固有的属性标签”，只不过“在不同的群里，他们的标签不同而已”。咦？这个思路是不是和我们的设计目标比较接近了?

没错 !Google+ 确实在尝试一种更加贴合真实社交关系的产品。不过遗憾的是，它的提问到这里就停止了，并没有继续深入下去。所以，基于这样的理解，圈子设计在最初添加好友的时候就要求用户直接把好友拉进某一个“圈子”。

如果继续再多问一个问题，也许 Google+ 就不会做这样的功能设计了。这个问题如下：

Q6：当人们想要向一个群发起交流（也就是说点什么）的时候，是先产生说话的动机，还是先联系群体里的所有人？

A6：先产生说话的动机。

所以，Google+ 那种“先把人拉到定义好的群里”，再等着“什么时候有机会用户会去群里的讲话”产品模式，事实上是很不合理的。

至此，我们的追问真正告一段落。

通过运用第一性原理的追问，微信群完成了更贴近用户自然使用方式的群功能设计。它不是一个 1.0 的群设计形态，而是真正的 2.0 群设计形态。

微信 1.2iPhone 版本群聊功能截图

那么，所谓的1.0和2.0有何区别呢？

1.0设计认为“群功能”是中心，所以当你使用1.0的群时，要跑到“群功能”入口位置去创建，拉人的时候必须提供“群功能”的ID，人们也要通过搜索“群功能”的ID才能进群。用户一直在围着“群功能”打转。

而2.0设计真正认为用户才是中心，至于群功能，让它无形地存在就好。所以没有什么创建的说法，你拉人直接开聊就是了；搜索的时候也是一样，你只需要直接搜某个人就行。常用的、人多的群，人聚好了再取名字以方便查找。

最后，必须强调一个值得警惕的关键点：并不是所有定式都能被优化。如果做设计全都另起炉灶从头来一遍，却不考虑成本问题，那无疑就走进了第一性原理的误区。在大多数情况下，成熟的定式远比莫名其妙的新点子来得高效。我们需要尽力避免“为颠覆而颠覆”，不要“重复造轮子”。

那么，什么时候应该回归原点重来，什么时候可以直接使用现成的“轮子”？

最好的办法是时刻保有从源头思考的意识，充分理解过往思路和关键环节，关注旧模式的前提是否发生变化、是否存在新的优化空间，快速判断是否存在全新的解决方案。第一性原理是一种从问题源头进行思考的意识，好的设计者能够把这种意识纳入所有思考过程。

大数据时代，第一性原理还有用吗？

有一种说法认为，在大数据时代我们可以不再追究事物之间的因果联系了。因为当影响事件的因素无限多时，想要了解完整的因果关系几乎是不可能的，耗时耗力还不一定有效。

另一方面，随着技术的发展，大数据技术已经可以协助我们预测用户行为。比如，我们借助大数据可以知道在女装电商网页上展示男装广告的效果会很好，我们还能知道用户 A 行为和 B 行为的关联度极高，但也许这两个行为在常人眼里风马牛不相及。

那么，在这样的时代背景下，我们还需要基于第一性原理的意识思考吗？统统去看数据不就好了吗？

这里有两个值得思考的关键点：

☆ 大数据的基础是数据，海量的数据。基于什么样的数据做判断至关重要，对于一个产品初创者，在没有可靠的量级数据前提下，直接使用第三方数据做出的判断极有可能是错误的。

即使有了海量的大数据作为基础，作为产品的设计者，在分析问题时，依然需要保有第一性原理的意识。数据能够帮助我们测试模型、发现意料外的事实，但如何使用和定义这些数据现象，又是另一回事。

大数据时代，能深刻理解数据并用好、用对大数据的设计者，才是真正的大赢家。

第二节 相对思维：日光与阴影

名言的由来和启示

很多人都知道史蒂夫·乔布斯（Steve Jobs）有一句最喜欢的话：Stay hungry.Stay foolish.[①] 每个人对这句话都有自己的解读，不忘初心也好，空杯心态也罢，都是挺好的解读。

不过如果抱着产品人第一性原理的意识，进一步去了解到底是什么打动了20岁的乔布斯，我们就要了解《全球概览》(*Whole Earth Catalog*）封底上的这句话是怎么来的。我们就会追溯到这本杂志的创始人和主编——斯图尔特·布兰德（Stewart Brand）身上。1966年，正是他发起了“The Whole Earth”（一

---

① 乔布斯在斯坦福大学的毕业演讲中这样说道：“斯图尔特和他的人出了好几期《全球概览》，然后不打算再出了，于是他们推出了最后一期。那时是20世纪70年代中期，我跟你们一样大。那一期的封底有一张照片，上面是清晨的乡间道路，就是那种如果你喜欢漫游，你会经过的道路。照片下面有一句话：‘Stay Hungry.Stay Foolish.’这是他们的临别赠言。Stay Hungry.Stay Foolish.我总是希望自己永远保持这个状态。现在你们即将毕业，我也把这句话送给你们。”

场公众运动）运动，促使NASA（美国国家航空航天局）公布了在太空中拍摄的地球照片，让人类第一次知道我们居住的星球整个儿看起来到底是什么样的。

布兰德用富有诗意的语言描述了他制作那个封底的初衷：

> 后来，我们就拿到了地球的太空照片。那是在一颗卫星上拍摄的，可以看到地球的完整一天，从日出到日落。我把照片排成那样的顺序，想表达一种关系的连接，一方面是太阳的阴影在地球表面的移动，另一方面是与此同时人们在地球上的经历，他们看到了日出。
>
> 我脑海中的画面是，一个漫游者日出时站在乡间的小路上，太阳升起来了，火车从旁边呼啸而过。这个年轻人的心情是如此自由，他有点饿（hungry），也知道得很清楚，自己对前面的道路一无所知（foolish）。

更加有趣的是，在他的这段描述里，蕴藏着一个对产品设计者至关重要的启示。

正如日光投射在物体上，会在没被光照到的那一面投下阴影，所有事物在进入我们的观察视野时，常常被提前预设了主次。被光照亮的那个部分被看到了，所以是“主要的”，没被光照到的阴暗面就是“次要的”。

但事实上，这个物体是完整的，它并不以我们的观察意志而发生改变。就好像地球不断旋转，太阳就在不同地方升起一样。所有区域、所有部分都是平等的，没有主次之分，谁也不比谁更重要。而且随着时间的变化，主次之间，光亮和阴暗之间，都是可以相互转化的。

微信 3.1 版本欢迎页：《全球概览》停刊号封底图

就像为了突出一个东西是明亮的，不一定要不断加强它的亮度，把这个东西周围的环境调得更暗一些也能达到同样的目的。我们常常把这种思考方式叫作“逆向思维”。不过，如果没有预设的前提，就不会有“正向”和“逆向”的区分，因为两种视角是平等的。主和次是相对而言的，并且不是固化的，而是动态可变的。偶尔换个角度，就会很不一样。这种思维方式，有一种更好的叫法，就是“相对思维”。

想想某个人身上最大的缺点是什么，在这里面也极可能蕴藏了他最大的优点。同样，成功与失败、优势与劣势都是暂时、相对的概念。

继续回到那条日出的乡间小路上，我们再来考虑这样一个问题：对日出这件事而言，到底哪一刻被定义为日出呢？或者换个问法，到底哪一刻意味着白天已经来临了呢？

你会发现这个问题的答案其实是模糊的。日出和白天的来临是一个过程，我们当然可以把“太阳跃出地平线的那一刻”定义为日出，但即使是这个定义，也不是完全精确的，它取决于观察者所处的角度。

为什么我们花这么长的时间来谈论日出？因为它形象地刻画了运用相对思维时，我们看问题的角度。这两个最重要的角度就是：关系和时间。

正是事物与事物之间的关系和时间带来的变化影响着我们如何看待事物。比方说，在完全相同的一片市场领域中，往往是你的对手和你选择的用户群体共同决定了你的位置，但同时，随着时间的变化，关系必然发生变化，你的位置也需要随之调整。这在产品战略中无疑是非常重要的。

认知出卖设计水平

认知心理学告诉我们，人们喜欢给事物“贴标签”“下定义”，这种简单粗暴地认识事物的方式的确为我们认识世界提供了一种非常高效的方法。比如，我们可能会说“这是使人舒适的，那是令人难受的”“A是好的，B是坏的”“甲好酷，乙好美”之类的话。但与此同时，这也养成了我们停留在表层去看待事物的习惯。

如今，信息传播的方式和效率已经与过去大不相同，为了应对超量信息、提高效率，在日常生活中使用“标签化”模式也许没什么大坏处。但作为一个产品设计者，如果在思考问题的时候也使用这样的简化模式，就非常值得警惕了。

下面列举一些名词：

创新、抄袭

刚需、伪需求

高效、冗余

有没有一种熟悉的感觉？是不是总是在不同场合听到它们？而作为一个设计者，透过这些字眼看到的又是什么？是一个个固定不变的标签，还是一段连续可变的光谱？

不存在绝对的创新、刚需和高效，反而往往是包容了逆反面向的产品更能体现出趋于正向的效果。简而言之，合格的产品设计者一定是思考者，而思考者不会是二元论者。

不妨以下面的几个问题问问自己，看看你的答案是什么：

☆ 同一类产品的功能设计，为什么总是大同小异？

☆ 同一类产品的市场价格为什么总是趋同？

☆ 为什么游戏设计时，总是开始的阶段玩法比较少，后来越来越丰富？

☆ 为什么产品版本需要迭代开发，并且最开始的版本功能往往都很单一？

前两个问题，如果仅仅从企业道德出发寻找答案，那就根本还没迈进真正设计者的门槛。而后两个问题，如果只是单纯地回答说“因为大家都是这样做的”“这是业界约定俗成的规范”，也属于没能看到问题本质的回答。

回到关系的角度看前两个问题，再用时间的角度看后两个问题，一切立即清晰可见：就像两只猛兽在追逐同一只猎物时的行动路径必然相似一样，在相同的赛道上，客户群选择完全相同的竞争者必然会陷入同质化的竞争。功能和价格趋同，只是这种同质化的外在呈现罢了。而游戏、产品的丰俭和迭代，也不过是设计者追踪着用户需求随时间变化的外在体现形式。

万事万物都可在相对中寻找一种平衡。一个产品设计者首先要抱持“不下定义”的觉悟，才能看到事物之间的关系和变化，而不是只瞧见那些暂时悬挂在事物身上的标签。

相对思维的运用

不妨举几个例子来看看设计者是如何运用相对思维的。

苹果公司 MacBook Air 的超薄制作工艺就是用相对思维思考的结果：过去传统笔记本的制造工艺是组合多种金属片材，尽量将其精准地堆砌在一起，做的是加法。而苹果团队逆势而为做减法，采用“一体成型”技术，将一种比较厚的金属块慢慢掏空形成一个整体框架，从而得到了史上最薄的笔记本电脑制造方案。

我们再看一个“转劣势为优势”的例子：

在微信占领移动通信用户市场的主流后，在腾讯内部，处于竞争位置的手机 QQ 制定了和微信截然不同的产品策略。

首先，手机 QQ 分析了微信产品的两大核心优势：

☆ 产品渗透力极强，用户体量巨大，横跨多个年龄层；

☆ 产品策略聚焦移动端，目标定位是做用户地理位置和大脑的延伸。

紧接着，手机 QQ 透过微信的优势看到了对应的阴影面：

☆ 用户体量巨大决定了微信在设计时必须以通用性和兼容性为主要考量，不能向某一特定群体过度倾斜；

☆ 聚焦移动端意味着 PC 端相对弱势，不能为某些与 PC 场景联动的需求提供深度服务。

最后，根据以上优劣势分析，手机 QQ 制定了自己的差异化产品策略：

☆ 聚焦年轻群体，以个性化、趣味化为主升级手机 QQ；

☆ 凭借 QQ 在 PC 端多年的积累优势，在移动端推出满足 PC 场景联动需求的全新产品。

我们看到，手机 QQ 近年来几个重大版本更新都是围绕“年轻化、个性化、趣味化”策略展开的，例如短视频特效、趣味聊、电话实时变声、表情动态贴图等。著名财经作家吴晓波特别在《腾讯传》一书关于手机 QQ 的章节篇首，写上了腾讯高级执行副总裁汤道生的那句：“年轻！年轻!!年轻!!!”

2017 年 3 月，腾讯低调推出了 QQ 的办公版产品 TIM。这款产品不仅去除了 QQ 广告和多种娱乐功能，还精简了公众号模块，特别增加了在线文档编辑和日程两项功能。TIM 选择的就是以移动 PC 联动为主的产品策略，不仅区别于手机 QQ、微信，相比于企业微信也走出了差异化路子。

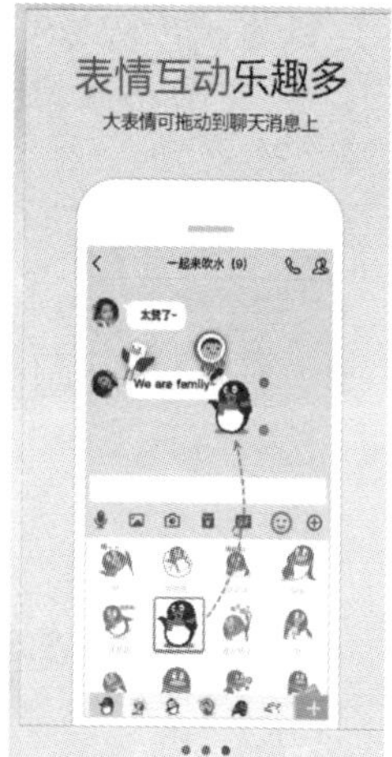

手机 QQ 更新功能展示图

腾讯公司即时通信产品部高级产品总监鄢贤卿在对外分享产品理念时提到，企业内部交流主要有两种：沟通和流程处理。主流的企业内部通信工具，主要是自上而下从决策者入手，也就是从老板的角度考虑问题，以建立企业内部关系链为起点，然后支持沟通和流程问题（相当于集成了 OA 办公自动化），这样的产品往往集成了很多审批流程和强制管理性质的功能，可见诉求更为 to B（针对商家）。相较于主流企业社交的强组织关系管控，TIM 显然弱化了组织管控，自身是自下而上的结构，以熟人关系链为起点，解决了普适性的沟通协作问题，却抽离了管理诉求，这样的角度更 to C（针对消费者）。用鄢贤卿的话说，“员工用起来更有愉悦感”。[①]

通过上述转劣势为优势的努力，手机 QQ 焕然一新。

腾讯 TIM 的功能特征和页面展示图

“条件反射”“路径依赖”与“标签化”的好处

在前面关于第一性原理的章节里，我们讨论了条件反射和路径依赖给设计者带来的经验障碍，鼓励大家回到问题源头进行思考。

与此相反的，利用相对思维，你一定已经意识到了：就像日光照射的地球有阴面就必有阳面一样，路径依赖和标签化看问题同样也能带来好处。并且一般来说，某事物在所谓“坏”

① 卢晓明：《腾讯终于系统化地做起办公版 QQ，它能让流失的用户回归吗？》，36 氪，http://36kr.com/p/5078074.html，2017 年 6 月 1 日。

的程度上劣势越明显，在另一个“好”的面向上，优势也会越明显。

事实上，美国投资家沃伦·巴菲特（Warren Buffett）的黄金搭档查理·芒格（Charlie Munger）就曾在演讲中提到过，“几乎四分之三的商业广告都是完全依赖巴甫洛夫理论在起作用”。

很多产品设计者和营销者因为深刻意识到了条件反射、路径依赖对人们心理的影响，从这一点出发逆向思考，发现了这一心理效应能为产品的营销和传播带来巨大价值。

其中最著名的案例当属可口可乐公司了，国内的王老吉营销团队走的也是相似的路子。想想，这些产品在营销上的打法如何？

可口可乐选择赞助的，都是体育、音乐的盛会，它总是试图把积极乐观、轻松、夏日的心情与品牌建立联系。长期以来，尽管它的广告语表面上看一直在发生变化，但语言背后的内核是不变的。广告语可以根据当前时代的用户偏好有所微调，但广告图和视频里，总是充斥着瓶罐开启声、夏日、口渴后的爽快这一类暗喻。因此，一旦当人们疲惫了、消沉了、口渴了的时候，他们看到可口可乐，看到的总是希望、轻松与爽快。假如你能成功地在用户心里建立起条件反射、路径依赖的联想机制，你的品牌建设大体上也就成功了。

王老吉的案例也是如此。想一想，当你吃辣吃火锅的时候，第一个想起来的饮料是不是就是它？为什么？因为它成功地让自己的产品和“上火”建立起了联想。

在微信的产品设计中，摇一摇的来福枪声同样是源于这个思路。人们不会经常用枪，但通过影视作品我们已经熟悉了子弹上膛的声音。这个声音带给我们的是“紧张刺激”“即将有什么要发生了”的联想感，把这样的声音植入“摇一摇”进而引爆流行并不是一种从天而降的幸运。

第三节 抽象思维：大圣的火眼金睛

白痴与上帝

记得小时候，娱乐项目不像如今这么丰富，电视剧和游戏的种类都很有限，扳着手指头也能数得过来。那时候，电视剧《西游记》和电玩游戏《超级玛丽》占据了很多80后的娱乐时光。

每当看《西游记》“三打白骨精”那集的时候，很多人都会恨得牙痒痒，冒出类似这样想法：唐僧这和尚怎么能“蠢”成那样，一次又一次地把妖精看成好人，逼走一心为他着想的孙悟空。不过转念一想，换成我们自己，应该也好不到哪儿去，毕竟肉眼凡胎，不像孙悟空那样长了一对火眼金睛。没有这种神奇的“透视”功夫，谁又能一下子判断出站在眼前的人是不是从妖精幻化出来的呢?

我们都是容易被表象迷惑的人。

但从某种意义上来说，成为一名卓越产品设计者的过程，就是一个不断训练自己眼力的过程：从最开始只能看到一个产品的色彩形状、交互样式，感受它使用起来是不是自然流畅、充满乐趣，到进一步觉察产品背后的隐形框架、交互路径，分析它是不是合理，直至最终抵达高度抽象后的产品骨骼、设计理念，看懂它切入的格局。产品设计者在实践中磨砺，最高境界就是拥有一对大圣的火眼金睛。

不过，要是真的修炼成了火眼金睛，却没法再像唐僧一样看待人和事物了，也挺糟糕的。就像看到一个美女，却总把她看成一具白骨，那该有多糟糕！透视力过度，也就意味着没法用普通用户的观感看问题，也就把握不住用户本能层级的感受了。

这种状况最常发生在看待自己设计的产品时。产品相关的一切都来自于你的设计，你之于它，就像是上帝之于他的造物，因为太清楚它体内所有的“为什么”，也自然会生出一种别样的偏爱之情。“不识庐山真面目，只缘身在此山中”说的就是这种情况。

所以，最好的状态大概是这样的：既能用“火眼金睛”看骨骼，也能切换到“肉眼”模式看体验。这种在“设计专家型”视角和“白痴级用户”视角之间自由转换的能力，在腾讯内部被认为是产品经理必备的重要能力之一。

如果这种能力足够强，跳出主观身份的速度就足够快速和彻底。它带来的直接效果就是，你能很快认识到产品中的不足——并且，总能比别人更快发现那些隐蔽于自己产品中的缺陷。

Pony（马化腾的英文名）曾经提到，“一天发现一个问题，解决好，三个月后，产品就会慢慢逼近那个‘很有口碑’的点”。在这句话里，发现问题是前提。某种程度上说，那些自我感觉特别良好，认为自己的产品已经“挺好了”的产品设计者，也许还不足以被称为称职的设计者。

具象与抽象

那么，如何理解具象（即表象）和抽象间的区别，进而有意识地提升自己看产品的眼力呢?

有一个特别的建议。当你搭乘飞机旅行的时候，请挑一个靠窗边的座位，在起飞过程中俯瞰大地并细心留意这一过程中的变化：原本特别清晰的屋顶、田地，会在飞机攀升的过程中不断变小、变模糊。不同屋顶、不同田地间清晰的边界线也会慢慢地消失，逐渐融为一体。随着你观察视角的不断升高，这种相近事物之间的“合并”会进行得越来越快。抽象看问题的方法就和这个升高视角的过程极其相似。

打开地图工具，把缩放比例调到不同的级别上，你也能获得类似的体验。

当将地图比例尺调为1：2000万时，城市看起来只是一个点，但在采用1：10万的比例尺时，城市是一个有着清晰边界线的区域。

也许你会觉得这个类比似乎没什么用，毕竟产品可不是一张简单的地图。

别急，换个角度想想。在地图上，我们依据什么来区分不同的城市和区域呢？对，是它们所处的位置。我们会把位置相近的地方划到一起，会说东边这一块是哪儿，西边这一块又是哪儿。这样，随着观察视角的升高，那些相近的位置就合并成了同一个点。

在产品中其实也一样，只不过我们的依据变了，从“位置”变成了“性质”。如果我们把性质相近的元素合并到一类，随着观察视角的升高，产品的“骨骼”就会逐步显露出来。因此，抽象的过程实际上就是个先分类、再提升视角的过程。

举个例子，做线下零售或电子商务的朋友应该很熟悉这样几个概念：SPU（Standard Product Unit，标准化产品单元）、商品（京东叫product，淘宝叫item）和SKU（Stock Keeping Unit，库存量单位）。

如果我们仔细体会这几个概念，就会发现一些有趣的事情。先简单解释一下它们的定义：如图，以京东商城为例，同款式的耐克跑步鞋是一个SPU，同型号的手机是一个SPU；而SKU则是一个产品的最小库存单位，直接反映了某个“唯一”的单品。如果产品的颜色、尺码、内存等属性不同，都会被定义为不同的

SKU。商品则是介于 SPU 和 SKU 之间的一个概念，它是和卖家相关的。同一款产品（即同一个 SPU），譬如荣耀 V9，荣耀官方旗舰店会销售，其他很多手机专营店也会销售，存在多个卖家在卖这款商品的现象，因此就有多款商品。不过，不同卖家的商品的SKU组合不一样——比如有些店铺有红色款，有些店没有。因此，一个商品总是归属于某个 SPU 下，却不一定只包含该商品。

京东的 SPU、商品与 SKU 示例图

不难发现，这三个概念的定义是按照类别层层细化的，产品特征越来越具体。商品是 SPU 按卖家分类的结果，SKU 是进一步按属性分类的结果。而如果倒过来看，SKU 到商品再到 SPU 又是一个层层聚合的过程，一个逐步抽象的过程。

如下图，其中，SKU 是构成中最基础的元素。

不过，问题又来了，用抽象的视角去看，这对一个卖家或一个电商平台的产品设计者来说，有什么具体意义呢？我认为最关键的一点在于：它引导你去关注构成事物的最基本元素是什么。基于最基本元素——电商产品中即 SKU——的思考和设计，将深刻影响整体的销售效果和平台格局。

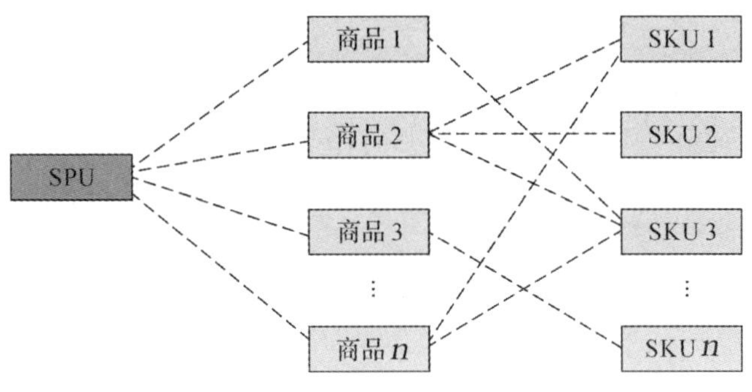

电商产品的基础抽象层级图

可以运用前面提到的相对思维，正向和逆向地去思考层级之间的关系，如何分解？如何聚合？不同 SKU 具有的不同属性是什么？这些属性会带来什么样的机会或引发什么样的问题？在回答这些疑问的过程中，一些全新的思路也将自然涌现出来。

事实上，精明的商家一定会根据环境和客户需求有针对性地设计自己的 SKU。好的 SKU 设计，就是运用数量有限的 SKU，去实现高满意度的销售（当然销量也很重要，这和用户对所购产品的自然需求相关）。而没信心的表现，往往是把产品布得满满当当，SKU 数量众多，却不知道哪个好卖，最后往往是积压了一堆卖不出去的 SKU。

从抽象思维的角度看，一个电商类产品和一个社交类产品需要运用的产品思维其实是完全一致的。

好的产品设计，就是运用有限的基础能力，去实现高满意度的功能（当然使用率频次也很重要，这和用户对产品的自然需求相关）。而没信心的表现，往往是只要和产品沾点边，就这个功能也做，那个功能也上，不知道哪个功能效果好，做了一堆功能，最后却发现很多功能用户根本就不会去用。

再举个例子，在腾讯QQ秀商城中，QQ秀虚拟物品的管理也存在着类似的思路。在内部，我们把所有最基础的服装、配饰，包括虚拟人物的眼睛、耳朵、发型等都叫作item或单品。它们是组成一套QQ秀最基础的元素。通过不同item的叠加，用户可以自由组合搭配出自己喜欢的QQ秀套装。同样的，腾讯内部运营的同事也会为用户提供现成的优质组合，我们把它们叫作“整套”。

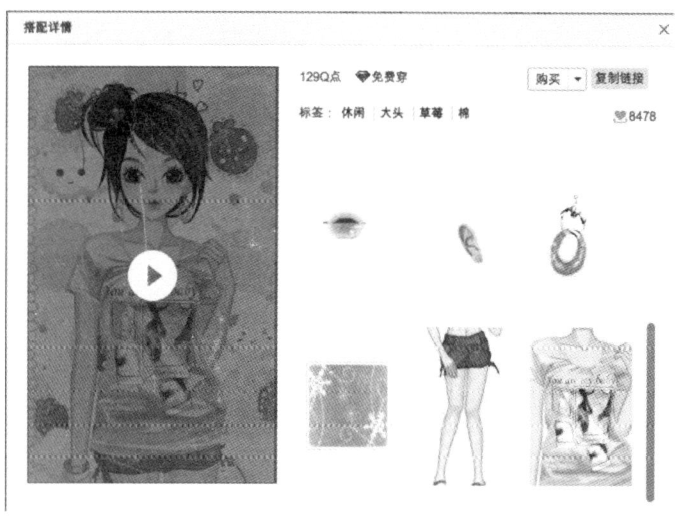

QQ秀的整套图与item

那么，整套再往上抽象聚合会是什么呢？我们会把类似风格的整套聚合在一起归为同类，为它们打上诸如“假日旅途”“仲夏之梦”之类的风格化标签。如果再进一步聚合，不同风格的整套还可以通过内容主题的包装,汇集在同一个专题中向用户推荐。这和电商平台的运营思路是不是有些异曲同工呢?

曾经的 QQ 秀红钻时尚特刊图

同样的，在音乐类应用中，还有一个功能也是运用与上述相似的抽象思维而大获成功的，它就是“歌单”功能。通过对最基础的单曲进行强内容导向的聚合，聚合自由度更高的歌单切中了用户情感需求，取代老旧的专辑聚合方式，赢得了广大用户的青睐。网易云音乐更是以这一功能作为初始发力点，在众多音乐类 App 中从无到有，异军突起。虽然网易云音乐不是第一个推出歌单功能的应用，但它却是第一个以此功能为核心、全面撬动产品的音乐应用。作为产品同行，我们可以看到在这款产品背后，站着一个极具洞察力的产品团队。

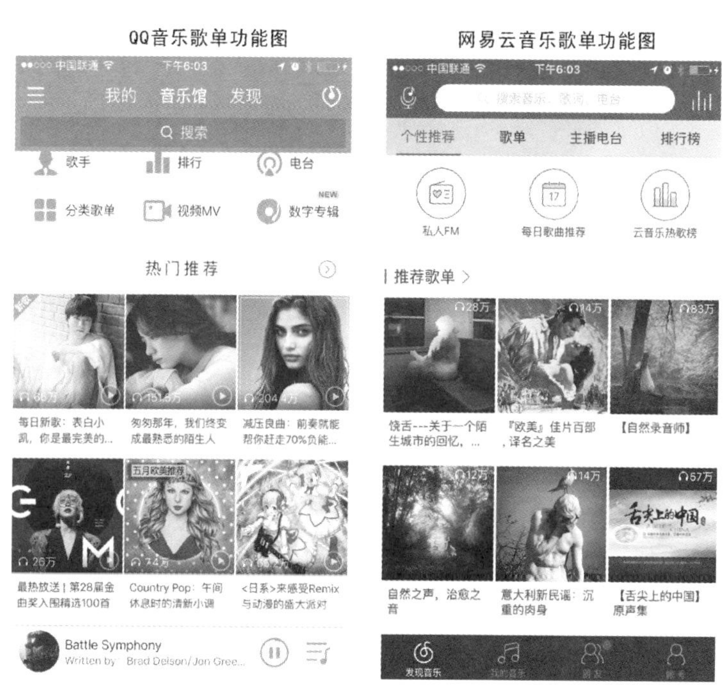

QQ 音乐与网易云音乐的歌单功能图

当然，很多有经验的产品或运营人员也许可以凭借直觉想到和运用上述的方式来进行设计或运营。但了解本质永远比学会套路更重要，因为前者意味着创新诞生的可能。如果能清楚地看到这些方法背后的思路是什么，也许你完全可以想出比当前聚合方式更妙的点子。

考虑新元素而非新功能

我们在设计互联网产品的时候常常会面临一个困惑：一方面知道版本迭代升级、新增功能的重要性，但另一方面又为新增功能而苦恼，因为有些功能加在现有架构上总像是硬生生装了一个义肢似的多余。

该如何避免这种状况的发生呢？其实抽象思维这时候也能派上用场。

一个可行的建议是：不要考虑添加的新功能是什么，而去考虑添加的新能力（元素）是什么。

怎么理解？讲一讲我的亲身经历吧：

微信发布 iPhone 4.5 版本的时候，引入了一个新功能：就是用“摇一摇”的方式听歌识曲。这个功能怎么用呢？比如你在乘坐出租车的时候听到广播里在播放一首很好听的歌，你想要知道这首歌的名字，这时就可以快速打开微信，“摇一摇”手机，让手机帮助你识别它，并且还能同步播放和显示这首歌的歌词。

作为一个非微信团队的产品人，刚看到这个功能的时候我简直惊呆了。当然不是我老土到没听说过这种功能，而是，我骤然惊觉到：这功能从本质上说几乎是现成的！

要知道，在微信在上一个版本（iPhone 4.3）里，才刚刚推出了“语音搜索”功能，而在更早些时候，朋友圈里才刚刚增加了对分享 QQ 音乐这一类型的支持。

这意味着什么呢？

首先，听歌识曲功能的大体步骤是：语音识别歌曲—检索曲库—同步播放。也就是说，听歌识曲所需要的语音识别能力、曲库检索能力和音乐播放能力，在之前的微信版本中已经开发完成了。发布这个新功能，只是用“摇一摇”的外包装把这些能力聚合到一块儿，再做个入口出来而已。

iPhone 4.3－语音搜索

iPhone 4.5-摇一摇 听歌识曲

微信 iPhone 4.3 和 iPhone 4.5 版本截图

如果细心观察，你会发现类似的思路在微信里还有很多处。譬如，公众号运用完全相同的账号形态，覆盖了包括名人、艺人、企业、餐饮、网媒、平媒等多样化的信息源。又比如，你可以按照抽象分解的思路想一想，朋友圈里有哪些基础元素，它们是如何灵活组合的。

像这样分解与聚合，具象和抽象的思考非常有意思。高度抽象带来产品设计的高度简洁。利用这些不同的能力元素，一个产品可以架构出丰富多样的功能形态，和千变万化的乐高玩具其基础的模件并不太多是一个道理。

多多使用抽象思维思考你的产品，想明白它用到的能力元素有哪些，在此基础上再慎重考虑要不要引入一些全新的能力元素。这比起只考虑要做些什么新功能，或许会更接近产品设计的本质。

一个产品简洁高效或冗余烦琐的关键差异，往往就在这里。

产品抽象后都是“柜台＋货仓”

其实抽象能力说穿了就是寻找事物间共性的能力。

所以如果想要有意识地训练自己的抽象能力，不妨多使用比喻。我们平时在打比方的时候，做的就是和抽象思考类似的事情：提取两个事物性质相同的内核，再给它们画上等号，揉到一块儿。

做互联网软件产品的设计时，我们会经常用“前台”“后台”（或前端、后端）这样的词来沟通交流。一般开发工程师的岗位也会按这样进行分类。负责前端开发的工程师更靠近UI层（User Interface，用户界面），他们对交互的理解更深入，而负责后端开发的工程师更靠近数据层，他们是负责搭建产品钢“筋骨”架的人。

这样的职责划分有时候会让我们忽略了前台与后台在产品中的思考面向——前台主要是为用户服务的，后台则是以最高效的方式支撑前台服务的。两者间的关系完全可以对应到现实世界“柜台＋货仓”的模型。

一个零售店铺，前面有面向顾客的橱窗陈列、灵活组合的货品展架；后面则是存放货物的仓库，严格按照品类顺序排列。展示给用户的展架，一定是按照用户浏览偏好精心设计过的，有利于刺激用户购买的；但更为关键的是，在上架之前，后面的仓库需要先行把关，确认“什么货品应该进货”“什么货品是完全不适合纳入本店的”。并且，“什么时候该拿什么货品出来”“哪些货品可以组合到一起”，这就是后台如何有效支撑前台的学问了。

好的产品，一定是“柜台式”前台与“货仓式”后台的良好协同。

游戏设计中的抽象

我们可以对《超级玛丽》的产品结构做一个静态的切片分析。

在游戏产品的设计中，分析现有元素并变更它们的聚合方式，也是挖掘新玩法的一种手段。例如，“顶金币”功能就由“动作跳＋位置上方＋金币数值变好＋动态障碍”组合而成。你还可以试着分析乌龟、毒蘑菇等功能在游戏中运用了哪些元素组合。

类似的分析方法有助于我们看清一个产品的静态结构。不过需要注意的是，这并不是一个产品的设计演化之路，从动态维度看，这种分析方法意义不大。不过它不失为一种训练抽象思维的有效方法。

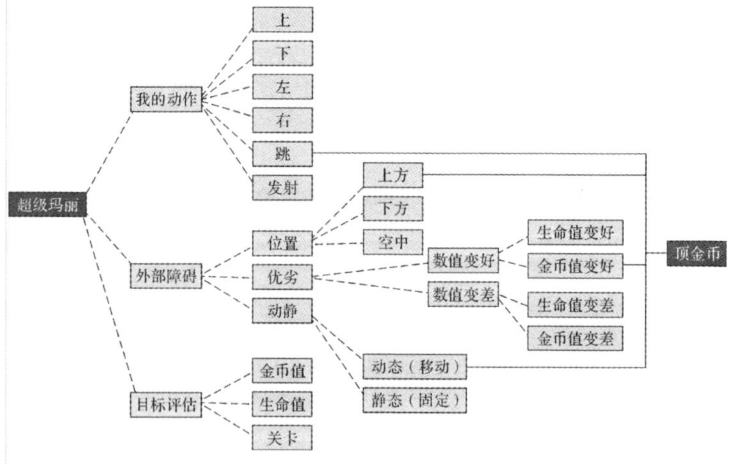

游戏《超级玛丽》静态产品结构图

第四节　系统思维：镜中变色龙

反馈的地位

婴儿还不会说话的时候，是用什么方式和妈妈交流的呢？

为了弄清这点，心理学家做过一个实验。在实验里，妈妈先和宝宝正常互动，这个过程中妈妈会笑、会说话，会看着宝宝并且用各种手势和他交流。宝宝在整个过程里都是开心的，虽然还不会说话，但会一直咯咯地笑，和妈妈的交流没有任何障碍。

接着实验进入第二阶段，妈妈依然保持和孩子面对面的位置状态，不过不同的是，她控制住了自己的表情和动作，板着脸、不动也不说话。这时候，宝宝开始愣住了，他的脸上渐渐出现惊慌的神情，紧接着，他吱吱呀呀地叫嚷开来，并且上下舞动着手臂表达愤怒。妈妈继续板着脸静止不动。这样又持续了几秒以后，宝宝崩溃了，对着近在眼前的妈妈号啕大哭起来。

这个实验证实了婴儿是靠着识别妈妈的表情、动作等动态反馈与妈妈进行交流的。婴儿的表情、动作被妈妈接收后再做出回应的过程，就是一个良好的反馈过程。而当妈妈完全静止以后，无法提供任何反馈的妈妈对婴儿来说异常可怕，以至于宝宝最后被吓得哭了起来。

类似的交流同样发生在素未谋面的产品设计者和使用者之间。当用户直接接触一件产品时，产品能够提供有效的反馈非常重要。当然，就提供即时反馈这一点来说，目前正常水准的互联网产品都能做到，已经很难遇到用户点了某个按钮后完全没反应或是反应与预期大相径庭的应用了。

可是，不要忘记将条件反射变成路径依赖的重要因素——时间，一旦把时间变量放到事件中，很多设计者就容易忽视反馈的存在。百度的“魏则西事件”就是一个最好的失败例证。

因为同样是高度商业化的电子商务平台，例如京东、淘宝，它们所提供的搜索结果排序难道不受商家广告的影响吗？当然是受影响的。可因为有“用户历史评价”体系的存在，商家想单方面欺骗消费者的可能性就大大降低，受到制约了。

这里的用户评价就是产品中负责提供反馈的环节。这种反馈，不像即时反馈那样，针对用户当下的焦虑和控制感，它往往相对隐蔽，但却在产品设计中占据着更为重要的地位。

可为什么依然存在很多忽视延时反馈的产品呢？一个重要的原因或许是：这些产品设计者没能从更宏观的角度去梳理产品的系统模型。

谈到反馈系统模型，让我们看一个有趣的实验吧。

反馈系统：镜中变色龙

"放在镜子上的变色龙是什么颜色的？"

1974 年，《全球概览》的创始人斯图尔特·布兰德（Stewart Brand）向他的老师——现代控制论奠基人之一格雷戈里·贝特森（Gregory Bateson）提出了这一谜题。

我们知道，变色龙的特征是能够调节、改变自身颜色，使其与周围环境色保持一致。这个谜题的有趣之处在于，镜子总会反射出镜中对象的颜色，镜子和变色龙从本质上看具有相似的功能。

根据凯文·凯利（Kevin Kelly）在《失控》中的采访结论，不同行业的人对这个问题有着不同的看法，总的说来可归于以下三种：

☆ 由于变色龙看到颜色再做出调节需要一定的时间，所以它的颜色会不停变化，永远不可能停在某种固定的颜色上。

☆ 变色龙的颜色会定格在放进镜箱环境的那一瞬间。也就是说，如果放进去的那一刻它是红色，就会一直是红色，放进去的时候是绿色，就会保持绿色。

☆ 从生物学角度分析，这个问题恐怕没那么理想化，因为变色龙的颜色往往取决于它当时的情绪状态。它很可能被自己的镜像吓坏而呈现出惊恐状态的颜色。

在《失控》中，作者并没有给出这个谜题的结论，这也给我们提供了一个很好的思考机会。想一想，你认为这个谜题该如何作答比较好呢？

事实上，变色龙和镜子组成了一个关于“反馈”的系统。而“反馈”模型，正是自然界和现实商业世界中无处不在的抽象模型。比如我们用它来看待时尚潮流的演变就挺有趣的。

当我还在 QQ 秀部门做内容策划的工作时，总会接触到不少和时尚相关的话题。那时候大家都有一个感触，时尚风潮变幻莫测来来往往，大体上却总躲不开“风水轮流转”的怪圈。一个风格兴起后，随着时间推移逐渐式微，另一个风格取而代之，但似乎也无法持久，它们就像大海里的浪头似的，一个接一个来了又去。更加吊诡的是，在过去时代里已经流行过的风格，指不定什么时候就会卷土重来，再度风光一阵子。

这究竟是什么缘故呢？

我们试着从国际色彩权威机构潘通（Pantone）如何确定年度流行色说起。

每一年，潘通会选择一个欧洲国家的首都举行一次秘密会议。这个持续两天的会议被安排在“没有颜色”的房间里召开。由来自不同国家的色彩标准工作组出席讨论并进行提案，他们综合评估各方数据趋势的变化，从超过 2000 个备选方案中选出次年的年度色彩。

全球来自视觉、工业、时装等领域的设计师、零售商和制造商们用他们的反馈影响着这次会议的提案。另一方面，潘通高管和客户组成的委员会依据调查报告和色板销售情况做出他们的抉择。

也就是说，流行色的源头是人们的行为数据，流行色是对数据趋势进行预测的结果。但与此同时，潘通向全球发布的流行色又会吸引人们关注的目光，进而引发新一轮追随浪潮。

多么奇妙！人们制造的数据主导了设计源头，但又反过来作用于他们自身。是不是像极了那只不断追逐镜中色彩的变色龙？

类似的，同样的循环模式也在不同行业中上演：

服装时尚集团根据消费者购买的行为数据分析购买倾向并快速调整服装款式，反过来，集团推出的款式一定程度上代表了潮流，从而进一步刺激了用户的购买；在互联网领域，越多的司机加入滴滴的出行平台，乘客就能获得越便捷的出行体验，但反过来，乘客只有感受到数量足够多的司机在提供这项服务，才愿意使用滴滴的 App 来打车，否则若司机太少就打不到车，体验会很糟糕。

面对这种复杂的、各种因素相互影响的循环模式，我们会发现：线性思维失灵了！并不是套用一个固定的公式，就能够得到一个固定的答案。这让站在源头的设计者们很容易生出模糊的“不确定感”和“失控感”。

如何让现实向着我们理想中的状况推进，在动态变化的现实中，我们需要修炼自己的系统思维，看懂反馈。

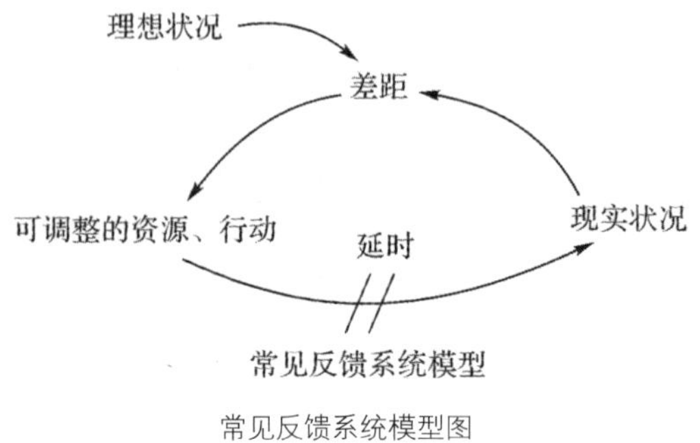

常见反馈系统模型图

因此，这里不妨大胆下个定义：反馈系统模型是所有产品最基础的抽象模型。我们常说的产品框架设计本质上都是在设计反馈。

不过设计反馈最终还是为了解决问题，为了从一团乱麻中找到最重要的那个线头。而只要找对了线头，也就是系统中的关键点、破局点，往往就能实现四两拨千斤的效果。例如，在“魏则西事件”中,破局点一定不在百度公关,而在用户评价规则的建立。

可是，这个神秘的破局点在哪儿？我们要如何才能找到它？

深谙系统思考的读者或许会从不同角度给出不同答案。可即使是绘制同一问题的系统反馈图，不同人画出来的模型也常存在巨大差异。

破局点：微信支付的逆袭

微信支付的红包案例为我们寻找系统破局点带来了一些全新的启示。

2013 年 8 月 5 日，微信支付正式上线。相较于 10 年前就已布局的支付宝，微信支付迟到了很久。微信支付发布之时，支付宝的用户正痴迷于用余额宝理财，几乎无暇关注另一个类似的新产品。尽管这个产品就在大家每天都会使用的微信应用里，但每当付款、转账，或者说需要做支付交易的时候，用户还是会习惯性地点开支付宝。

作为一个野心勃勃的后来者，微信支付要找到一个支点用以撬动背后强大的势能。为此，微信做过一些努力，比如在滴滴打车中接入微信支付来刺激用户使用。不过，这些都不是微信支付所梦想的支点。

这个关键支点出现在 2014 年春节前，看似偶然却又必然。当产品团队呈现雷达般的思考状态时，往往一个微小的事件就能触发一个大想法。微信支付的破局点就诞生于这样一个简单实际的小需求之中。按春节传统，腾讯公司的每位经理都要在春节假期后的开工日，向每位员工赠送一个红包。由于员工较多，一些管理者觉得很麻烦。因此，有人提出能不能让发红包这件事变得更便捷。

这一需求成为微信红包诞生的理由。从技术角度看，开发抢红包、发红包的功能并不难。只用了3个星期，微信红包的1.0版本就大功告成，并且快速投入内测使用。而之后的事情，几乎出乎所有人的意料：

从 2014 年的除夕到第二天下午 4 点，超过 500 万用户使用了微信红包；从 2014 年除夕到正月初八共 9 天时间，有 800 多万中国用户领取了约 4000 万个微信红包，平均每个红包 10 元钱；2015 年中国春节期间，微信红包量大幅增长，达到了 10 亿次之巨；截至 2016 年，腾讯每月有 600 万移动支付活跃用户，每天产生超过 600 万笔支付交易，占整个移动支付市场的半壁江山。从结果来看，以微信支付为代表的“自下而上”的新生力量逆袭市场，最终成为移动支付产业格局中的关键角色。

在 Y Combinator[①] 合伙人阿努·哈里哈兰(Anu Hariharan)的那篇关于微信产品设计的博文中，她提到微信红包量的大幅增长来自对群聚效应的深度理解，她写道：“微信团队注意到了一群人和一个人在采用某个功能时的不同，这也反过来提升了产品的接受度。”

群聚效应来自微信团队对用户心理的洞察。他们把红包设计成两种不同的模式，包括拼手气红包和普通红包。大多数用户喜欢拼手气红包，因为这时候红包不仅仅代表钱，更是“好运气”的一种象征。另一方面，含蓄的中国用户也通过发红包来表达自己日常无法直接传递的心意，红包在某种意义上变成了人际交往的“润滑剂”。

---

① Y Combinator 成立于 2005 年，是美国著名企业孵化器，扶持初创企业并为其提供创业指南。

如果把用户在群组内收发红包的过程绘制成一个简单的反馈系统简图。

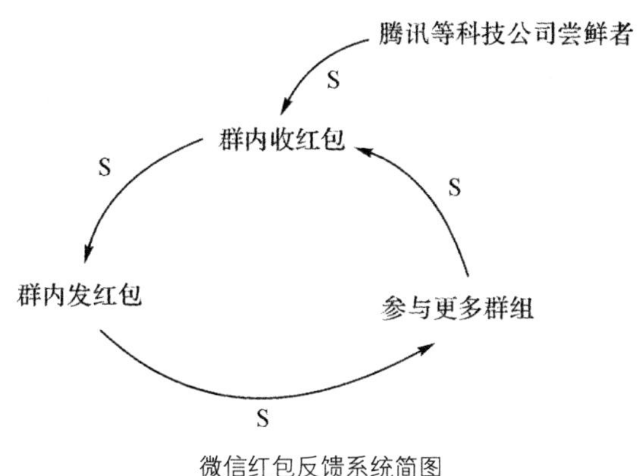

微信红包反馈系统简图

我们可以看到，这是一个典型的增强回路系统。也就是说，用户在群里收到的红包越多，他们发出的红包也会越多。而更进一步的效果是：用户在收发红包的过程中更愿意参与到不同的群组中去。红包开始随着一些基于兴趣组建的非线下关系的群组蔓延开来。事实上，在红包功能发布后的短短几个月内，微信的聊天群组使用量就增长了三到四倍。红包作为微信支付的破局点，燃遍了中国用户的人际网络。

在这之后，微信才进一步把支付功能拓展到其他丰富的应用场景中，例如线上和线下商店支付、更多第三方应用内付款、城市公共服务收费等，进一步延展微信支付的网络。

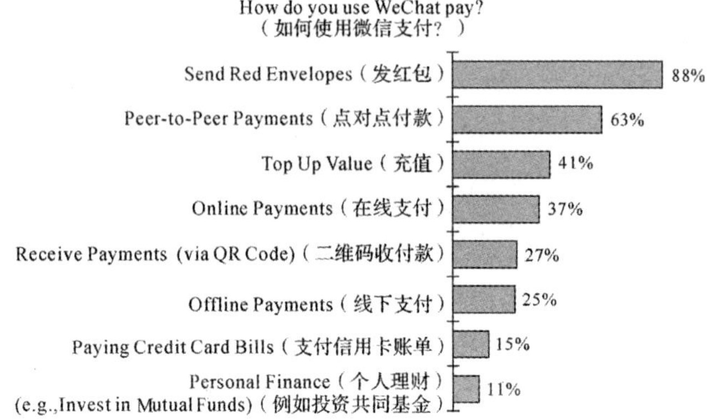

注：数据来源于 Y Combinator 合伙人阿努·哈里哈兰博文配图，汉字部分为编者注

从微信红包案例我们可以看出，系统破局点往往不是一个大而全的方案，而是一个恰到好处的“锥子”，针对、聚焦于某一特定场景，并且携带着自下而上的用户价值。这样一锥下去，系统乾坤颠倒。

不过要找到这种高强度的破局点确实不容易，它依赖强大的产品洞察力和一点刚刚好的运气。所以，如果不具备深湛的系统思考力也没关系，重要的是，我们已经开始意识到这类模型的存在，不再是一个纯线性的思考者了。并且在复杂的系统面前，有一件事是残酷且公平的：无论是经验丰富的产品人还是刚跨进门槛的初学者，无论我们系统思考后得到的答案是什么，最终也要看实际运行的结果。只有结果才能够检验系统思考的正确性。

关于镜中变色龙谜题

在我看来，解开镜中变色龙谜题的关键有两个：

一是它进入镜箱那一刻的状态，是色彩凝固状态还是正在变色状态；

二是变色龙自身的色彩调节能力，即变色过程中的“刹车能力”。

假如变色龙进入镜箱的那一瞬间正处于色彩凝固状态，那么它立即就能发现周围镜中颜色和自己的颜色一模一样，那它根本用不着去改变自身颜色，维持原有颜色就能和环境保持统一。

假如变色龙在进入镜箱的那一瞬间处于正在变色状态，那就要看它“刹车能力”如何了。理论上如果它的刹车能力足够强，能在进入瞬间立即叫停自己的变色过程，它也就用不着去改变自身颜色了。但事实上呢？从它“看到镜箱颜色”到它告诉自己“别再变色了”，这期间存在一个延时，也就是一个时滞。在延时期间，它的颜色已经向前跑了，这样问题就变得更有趣了。

发现了么？变色龙心里的目标色一直在变，它必须追逐着自己镜中的目标色而不断调整变化。所以你看，变色龙＋镜箱组成的这种有时滞的系统，是不是更像循环往复的时尚潮流？

最后，这个谜题的答案是否如此并不重要。引入这一案例的主要目的是让大家更形象地去认识系统化的模型，因为有时滞的系统才是大自然与商业环境中最为常见的系统模型。而关于反馈，其实存在种种可能，它既有可能起到限制或约束的作用，也有可能起到扩大与增强的效果。

别走进思维误区

刚开始从事产品设计工作的时候，常常会遇到两类问题：

第一类，被异常路径左右，抓不住重点。

互联网公司一般都会对需求设计进行组织内的评审，在评审会时，负责开发工作的工程师们往往会很负责地追问所有极端和异常的路径。

面对这种场合，刚开始担任产品经理的我难免会感觉自己像个身在古代、初出江湖的武士。由于功夫拙劣，又不知道暗器会从哪个方向发射过来，总是要集中全部注意力小心应付，一个个勉强地见招拆招，才能避免一不小心被扎成马蜂窝。

几轮下来后，当然自己也知道该长点心，下一次梳理会尽可能地考虑周全。

但在调整过程中又引发了另一个问题：我发现一旦把状态调整为“事无巨细”型，就容易过分地陷入细节泥潭——看起来结果变得周详了，但却有类似“无论什么看起来都很重要”“无从抓取重点路径”的感觉。这种感觉像是走进了一个巨大的迷宫，每一条路看起来离终点都很接近，可又都差那么点儿意思。而面对那些枝枝节节的异常路径，也总会觉得“这个必须解决”“那个似乎也不该放弃”。

第二类，头痛医头，脚痛医脚。

很多设计人员会发现自己陷入了一个“打补丁”的怪圈：也许昨天冒出了一个A问题，用最直接的解决方案去修补好了，今天却又冒出了B问题，而B正是由A的解决方式引发的。这样的情况一再发生，就好像“打地鼠”游戏，刚把这边按下去，另一边又翘起来了。

又或者，在产品数据下降时，你设计了一个提升数据的功能——可能是一次特别的营销活动，也可能是一次品牌合作等，这个功能使得数据短期提升了不少，但时间一长，你会发现数据下跌得更厉害了。

如果你也在设计过程中遇到了以上两种情况，那么你就该停下来想一想了。很大概率的可能是，你对产品模型的分析还不够透彻。最有效的做法是重新梳理产品中的反馈，进行系统思考，确定真正治本的解决方案，而不是忙着治标。

第五节　演化思维：自下而上的设计

为什么创业公司，尤其是互联网创业公司真正能活下来、还活得长久的并不多?

为什么专业的天使投资人不会只投一个项目，而要针对某个领域广撒网来投?

为什么腾讯愿意浪费内部资源，提倡内部团队 PK 的“赛马机制”?

接下来我们要谈到的这种思维，就和上面几个问题密切相关。它是互联网产品设计中一种非常重要的思维，也是一些常用互联网名词、工具的思维源头。很多时候我们凭着过往经验不断地使用它，但却并没有用第一性原理去思考，去想想我们“为什么要这么做”。

比如，《精益创业》告诉我们产品要快速试错、快速迭代，用最小可行性产品（Minimum Viable Product，MVP）去验证假设，滚动前进。可它没有告诉我们“为什么要这么做”，“为什么这么做会是有效的”。

再比如，腾讯在组织层面一直推行内部的“赛马机制”，让好几个产品团队去做目标功能相似的产品。大家都记住了“赛马”和“内部竞争”，但同样很少有人多问一句“为什么”。

在前文提到的复杂系统模型中，我们也留下了一个待解决的问题：怎么才能确定自己对系统的思考是正确的呢？

我们之所以把演化思维放在产品思维的最后来讲还有一个原因：这是一种位于产品思维积木堆顶层的思维，你需要对我们前面提到的四种思维有深入理解以后，再来运用它，才会产生比较好的效果。

现在，沿着思维的爬梯来到顶楼，推开窗，来看看这一层的绝妙风景吧！

无处不在的演化

一只小流浪猫出生不久被人捡到，一直以猫粮饲养着。由于打小被人类收养，这只小猫并没有机会跟着妈妈学习猫族特有的技能。但随着它一天天长大，它展示出了和其他猫咪完全一致的特性：能蹦得老高，拥有强大的夜视能力，对动态、毛茸茸的东西特别感兴趣。

显然，这些猫咪共有的特性不会是它妈妈传授给它的，而是它天生自带的，就像北极熊在出生的那一刻就知道自己必须要长出厚厚的毛来御寒一样——这是生物的上一代通过 DNA 传递给后代的核心能力。DNA 本质上是记录某种能力信息的载体。

我们都知道达尔文（Darwin）说的“物竞天择，适者生存”，可如果放到今天的语境下，严复先生当年在翻译时所使用的“天择”一词恐怕值得斟酌，因为由老天来选择的说法并不符合达尔文本意，他所说的原文是“It is not the strongest of the species that survive，nor the most intelligent，but the one most responsive to change（直译为：不是最强的物种存活下来，也不是最聪明的物种存活下来，而是最能适应的物种存活下来）”。

由老天选择是自上而下的设计，而真正的演化、真正高明的设计是自下而上涌现出来的。

譬如，猫的祖先也许有很多种不同类型，说不定有缓慢爬行的猫，有夜晚视力低下的猫，还有对运动物体毫不关心的猫。可因为这些类型的猫抓不到食物，大多都饿死了，所以它们没法把自己的 DNA 信息遗传给后代，随着时间流逝，这些猫就都不存在了，被综合的环境因素给淘汰掉了。

站在时间的巨轮上回望，这一切就像数量众多的发烧友在进行一场前赴后继的通关游戏。外部环境设置重重关卡，那些恰巧碰对关卡密码并通关的生命，赶紧用 DNA 记录下通关密码，并把它传递给后一代。[①] 生命通过这种方式代代积累着不同能力的 DNA。

---

① 英国作家马特·里德利（Matt Ridley）在其所著的《自下而上》中阐述过该观点。

而生存下来的适者，是一开始计划好自己的演化策略的么？不是的，它们完全不知道哪种能力可以生存下去，它们只是刚好碰巧通关的幸存者而已。这才是达尔文表达的真义。

经济学家阿门·阿尔奇安（Armen Alchian）发现，演化的思路完全可以运用到我们经济生活的众多事物之中。于是，他在那篇著名的经济学论文《不确定性，进化与经济理论》（Uncertainty，Evolution and Economic Theory）中详细解释了自己观察到的状况：经济行为的成败与生命进化如出一辙。

他举例说：有几个人要开加油站。一个人把加油站开在自己家的后院，另外一个人把加油站开到山顶上，还有一个傻瓜，他把加油站误打误撞开到了路边，结果谁的加油站能存活下来呢？当然是那个误打误撞的傻瓜，因为他把加油站开到路边，他就成功了。至于他是不是聪明人？他是不是有计划？他是怎么想的？这些都不重要，只要他刚好把加油站开到了正确的地方，他就能够存活下来。

他还举例说，有一帮人要逃离芝加哥，每个人选择自己的路线去走。最后只有一条路线，只有那个刚好选择了沿途都有加油站路线的人，才成功逃离了芝加哥。而其他人，不管他是怎么想的，有什么目的和用意，最后他都离不开芝加哥。

因此阿尔奇安指出：“经济学关心的是存活的条件。一个人，一个组织，甚至一个制度，是怎么存活下来的？它有什么条件才能够存活下来？如果条件发生了改变，存活的情况又会发生怎么样的改变。这才是经济学关心的议题。”①

演化无处不在。

你的产品为何脆弱?

那么，这和产品设计有什么关系呢？关系可大了。

一个产品能否在现实中存活下去，它要面临的状况和阿尔奇安讲的“逃离芝加哥”很有些相似之处。产品所处的时代背景、产业环境、竞争对手、用户群体特征等众多因素，都影响着产品存活的可能。

路不止一条。

设计者最关键的任务是“找出那条可以存活下去的路”。那么，这条可存活的路是一开始就高屋建瓴地规划出来的么？不是的。产品和生命体、组织、制度一样，也在不断调整、试错的过程中才能找到路活下来。

如果某个产品团队拍着胸脯说，我们早就做好了未来一年的产品规划，你看产品的 Roadmap（蓝图）是这样的，那么这个产品很可能是有问题的,或者至少可以说它的产品规划并不靠谱。

具有生命力的产品，和环境息息相关。环境变了，能够存活的条件变了，它也会随之迭代更新、调整改变。因此，互联网市场变化极快，互联网产品就成了最讲究迭代的产品。产品从最开

① 引自薛兆丰网上课程《北大经济学课》专栏。

始第一个版本发布，到后面不断地更新迭代，每次迭代都是在当时的环境下寻找最佳存活路径的结果。

那么，我们要怎么才能找到那条“对”的路呢？简单来讲，需要赋予产品一种类生命的特性，一种多数量、多样化同时竞争的特性。

很多人都明白买彩票中大奖这件事概率很低，不靠谱；但他们却没意识到自己做产品时用的是相似的思路，一种押宝赌博的思路。买彩票的思路有一个重点：中奖号码是个确定的号码。当你购买的时候，在那个瞬间，你能否中奖，结局其实已经确定了。

过去几年，互联网产业处于过热的阶段，很多公司蜂拥而上，别人做什么它们也做什么。它们认为自己需要判断的只是“这个点子是不是靠谱”，只要点子靠谱，结果就是确定的了。你看，这就是买彩票式的创业。它们没有意识到，令一个产品最终活下来的绝不是最初的那个好点子，而是，你构建了一个怎样的产品系统去做这件事。

事实上，最终我们也能够看到，互联网创业热潮和股灾、金融风暴等事件相似，正应了巴菲特那句名言“大潮退去，才能看清谁在裸泳”。创业公司们真正能活下来、还活得长久的并不多。

那么，怎样的产品系统才具有类生命特性呢？

美国作家纳西姆·尼古拉斯·塔勒布（Nassim Nicholas Taleb）在他的《反脆弱》一书中给出了答案。他告诉我们，现实世界确实充满了不确定，但我们可以建立一个“反脆弱”的系统，这种性质的系统具有强大的韧性，可以从失败中汲取养分，从不确定性中获益。

打个比方，大家都知道哆啦A梦吧？它可以说是“反脆弱”的典型代表。为什么？你看每次它遭遇危机的时候就在兜里掏啊掏，先拿出A道具来试一下，如果没法应对又会继续掏出B道具来试。它的兜兜里不仅有Plan A、Plan B，还有N多种不同的应对方案。我们形容某个人满肚鬼点子，可能会说他“一计不成，又生一计”，其实也是在讲这个意思。

就像漫长的生命进化历程，物种为了适应环境总是发展出多种多样的能力，只要有一个存活下来，物种就强化这种能力，然后利用DNA一代代传承下去。

因为不能百分百确定存活条件是什么，必须以最小的成本、最大的数量积极试错——这样的系统就是类生命特性的系统，这样的企业、这种类型的产品才不会轻易死掉。

它带给我们什么启示呢？我认为对不同阶段的产品和企业，衍生出下面两类重要启示：

> 对初创型企业来说，运用精益创业思路，以最小成本快速迭代，积极试错，犯错的次数就是企业制造“生命”的数量。当排除很多的错误路径后，产品就能不断向着对的方向前进。后文将谈到的最小可行性产品原型之所以有效，就在于它以非常小的成本获得了极大的可能性，是以小博大的典

型工具。

对成熟型企业来说，需要思考的是整个公司产品体系的稳定性以及重点产品的架构稳定性。通过思考整体布局，让处于不同生命周期的产品承担不同的任务目标，进而使企业获得更强的稳定性。

谈到这里，相信读者已经可以用演化思维来解释很多事了。比如微信采用插件功能的设计方案，除了尊重用户的选择权外，正是基于演化考虑。

微信插件功能页面图

天使投资人在看好了一个领域的发展潜力后，总是会撒网来投也是出于同样的原因。但是，有个误区值得大家警惕：创业时，做一个产品失败后马上再换一个目标，瞄准另一个需求去做新产品，这种方式可不是试错和调整。试错的目的是把同一目标下的错误路径识别出来，进而逐渐逼近对的目标，而频繁更换目标则说明一开始就没想清楚，两者完全是两回事。

极简方能演化

让我们的讨论继续向前延伸。

在明确了产品系统设计的大方向后，接下来，需要确定如何搭建产品框架结构，使它符合多数量、多样化试错的目标。也就是说，现在的问题变成了：怎样的产品框架结构才具有扩展性，符合演化（即产品迭代）的目标？

> 答案是极简，极简是演化的基础，极简可以最大限度地兼容变化。
>
> 不过，极简并不是指“越简单越好”，而是“当前没有什么可以拿掉了”。它是设计最终呈现的结果而非最初抱持的目标，它来自对产品元素充分、全面的考量、抽象、去芜存菁。

在思考框架结构的过程中，产品设计者需要充分实践我们前面提到的抽象思维。

还是以微信为例，其 iOS 平台的版本从 1.3 开始演化至今，一直保持着底部四个页卡的结构，有趣的是，除了第三个页卡外，其他三个页卡的名称（微信、通讯录、我）从来没有变化过。

如图，在不同的产品发展阶段，由于功能重心的不同，元素之间聚合、分离的方式也不同。以好友关系链拓展为例，从 2.0 到 3.0，好友关系链拓展都是产品最核心的任务，满足人们即时同步沟通的需求。所有功能点设计均围绕这一任务展开——不但底部的第三个页卡，保持着“找朋友”的名称，微信页卡内亦聚焦聊天功能体验的极致化。

微信第三个页卡的版本演化图

而到了 4.0，微信应该已经观察到用户数规模达到预期，所以它开始更改自己产品的核心任务，进入全新的产品阶段了。4.0 版本中朋友圈首次上线，细心的朋友一定发现了，第三个页卡名称从“找朋友”变成了“朋友们”，开始聚焦于满足人们异步沟通的需求。和同步沟通不同，朋友间异步沟通的抽象模型与 PC 时代的论坛模型更为相似。微信把它放到了“朋友们”页卡的第一个抽屉中，而好友关系链拓展的功能则被收纳起来，移到了第二顺位。

这就是依据核心任务不同进行的框架调整和演化。我们都知道，现在第三个页卡的名称已经从“朋友们”变成了“发现”。可是，大家还记得这个变化发生在哪一个版本更新里吗？答案是 5.0，也就是腾讯首次在微信推出游戏类应用，开始聚焦于满足人们日益发展的娱乐需求时。

所以，好框架在每个阶段体现出来的核心任务只有一个。选出那个最重要的任务，聚焦再聚焦，利用产品框架去放大它，完成任务后再把它收纳起来。可以支撑上述这些行为的框架才算得上是好框架。

另一个把演化思维用得很好的案例是运动类应用 Keep。

如图，Keep 由提供单纯的健身训练教学这一核心功能起步，演化拓展到跑步、骑行等运动领域。但是，在它刚推出跑步功能时，只是在首页左上角开辟了一个入口。框架重心依旧落在健身训练的主题上。直至 4.0 版本，才将跑步和骑行提到了与训练并列的位置上。

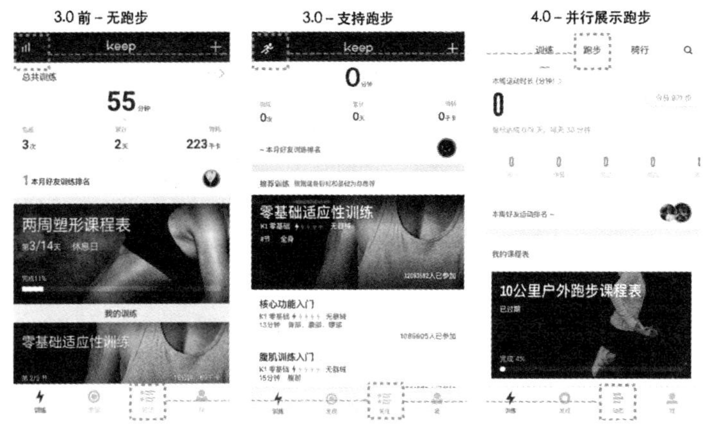

健身运动类应用 Keep 的版本演化图

另一方面，有兴趣的朋友可以再回顾一下 Keep 第三个页卡从“关注”到“动态”的演化逻辑。这里就不再赘述了。

通过以上案例，相信大家已经大体了解了版本演化的重点。明白为什么糟糕的框架设计会让用户感觉“每次改版都在推倒重来”，而好的框架给用户的感觉是“没怎么变，但功能推陈出新，很有节奏感”。

事实上，在可演进的框架背后，藏着设计心理学的逻辑。

人的思维特别奇妙，它认知事物时，遵循一种树形结构。比如我们常见的思维导图就是如此。主体枝干不多，每个展开去看，枝节可以蔓延触及很深的地方。但如果你在每个部分均衡用力，状况就像下图一样：

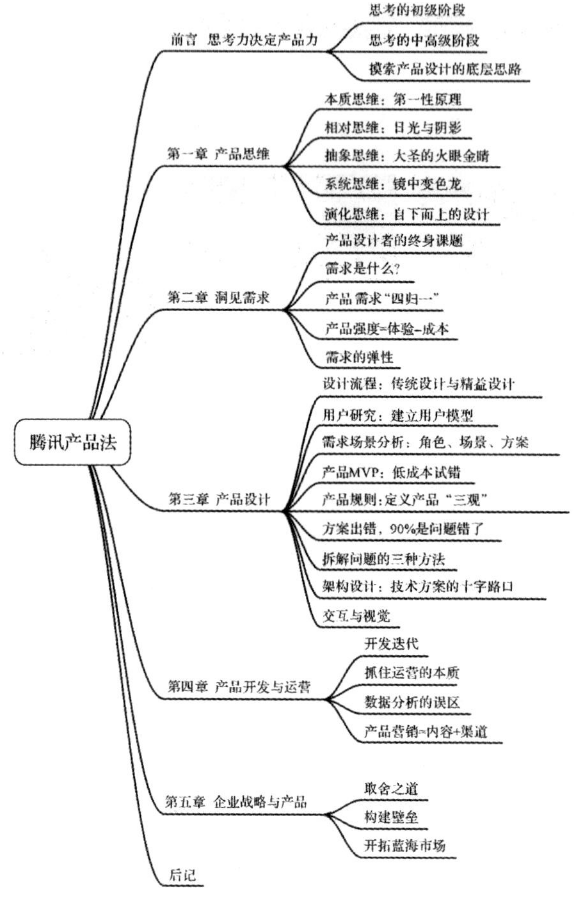

均衡用力的思维导图

虽然思路清晰，但失去了焦点。这样的框架很容易让它的读者无法形成正确的认知，他们会像面对着琳琅满目的商品似的无从选择。

我们再看下面这个框架结构，它的重点是不是就清楚多了？识别起来也容易多了？

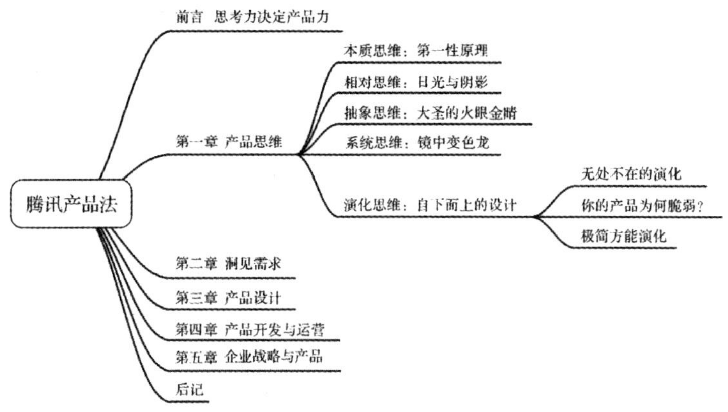

重点突出的思维导图

所以，从抽象层面上说，好的框架和重点突出的思维导图相似——重点清晰，并且能够收放自如。

什么是产品的DNA？

我们常常谈到产品的DNA，对于它的概念，不同的人有不同的理解。

有人认为产品的DNA就是产品的功能，我做了一个功能，我就能拥有某种产品DNA。也有人认为产品的DNA是指品牌，包括品牌的广告语（slogan）、商标（logo）及其UI设计传递的风格化信息。

到底什么是产品的DNA呢？虚头巴脑的名词解释其实没什么意义，弄清这个问题的重点在于：我们或许能够更深入地理解用户对产品认知形成的全过程。

我认为，产品DNA是用户对产品综合特质的认知，包含功能和品牌却远不止于功能和品牌。它包括了产品的设计理念、设计规则、品牌形象，它通过产品设计者做出的不同选择来形成定义。产品鼓励什么，拒绝什么，如何架构，如何演进，都共同决定了一个产品的DNA。

只有当产品的所有选择统一到一起，形成联动效应时，它的DNA才是清晰的、可辨识的。如果你的功能和品牌宣传不符，或是规则与体验相悖，都会模糊产品的DNA。这一点提醒着所有的设计者们：如果想要打造一款拥有明确DNA的产品，你在产品各纬度上的选择都要更谨慎一些。

第二章

洞见需求

如果将产品设计能力比作一座自下而上的金字塔，产品思维能力是位于金字塔最底层的基础，再往上一层则是对需求的洞察力。它不仅包含设计者对人性本身的理解，还包括在市场关系格局中寻找需求定位的能力。

《孙子兵法》有云："夫未战而庙算胜者，得算多也；未战而庙算不胜者，得算少也。多算胜，少算不胜，而况于无算乎？吾以此观之，胜负见矣。"如果产品发布意味着一场胜负未卜的战役，那么按孙武的看法，缺少事前洞察的产品想取胜几乎是不可能的。

某些谈论产品设计的方法论常将需求放到具体产品设计环节，一上来就先着手梳理需求场景，这其实不大合理。梳理场景是为解决用户操作路径的问题，它是产品确定要做以后的事。而在此之前，判断"做与不做"，确定"为什么要做""不做有什么损失"才是更重要的问题。只有大方向切实、靠谱，后面的设计才是有用的。否则，即使费劲地把后面做得再好，产品也将离目标愿景越来越远。

如果想要基于市场格局找到那个对的产品大方向，就不能以孤立、固化的视角看待需求。社会环境逐渐变迁，科学技术日新月异，在外部条件动态变化的大背景下，如何看清局势、找到需求切入点？又该如何持续跟进下去，与需求共舞？这些都是本章试图讨论的核心议题。

第一节　产品设计者的终身课题

谈到需求，相信没有哪个领域能比经济学研究得更透彻了。要知道，早在“产品经理”这个职位出现的多年以前，无数智慧的经济学者就已经帮我们思考过关于需求的诸多问题了。

著名经济学家保罗·萨缪尔森（Paul A.Samuelson）说，只要学会说“供给与需求”，甚至连一只鹦鹉都可以成为一个经济学家。这句话生动体现了“供给和需求”在整个经济学中占据的重要地位。

现在我们要讨论产品的用户需求，依据第一性原理，当然也需要回归原点思考，跟着经济学前辈们的足迹，去看看那些藏在社会群体背后的需求规律。

先来看几个问题：

☆ 为什么游戏产品中，刚开始设计的关卡玩法都会比较少？

☆ 为什么滴滴的产品名称要从最开始的“滴滴打车”调整为“滴滴出行”？

☆ 为什么一些让人觉得新奇又好玩的产品总是昙花一现，生命力并不长久？

☆ 为什么腾讯推出的一些产品可以长盛不衰，拥有相对长的生命力，真的是腾讯的资源优势更强大么？

这几个问题，有的和产品战略相关，有的和具体的产品设计相关，但归根结底，它们都和“对需求的理解”密切相关。要准确回答这些问题，我们就得从认识需求开始。

总体而言，经济学是这样概括人性需求的，认为需求有两个重要特点：

☆ 你想要的东西，别人也想要；

☆ 人的需求在不断地变化，不断地升级。

怎么理解这两个特点呢？我们一个一个解决。

先看第一点。可能有人会说，不对呀，我和其他人的喜好不可能完全相同，我想要的东西别人可不一定想要；或者，对比沙漠行者和湖边渔民，不同人在不同处境之下想要的东西不同。

所以这里尤其需要注意区分需求的个体和群体属性。对个体而言，甲之蜜糖可能是乙之砒霜，这个说法没错。可对群体来说，人们虽然在细节上各有偏好，但如果所有人来一次集体投票，那么对“什么东西是更好的”认知却是相似的。如果抛弃价格因素，比较两个满足同一需求的产品，人们得出的结论多半是相同的。

所以需求的第一个特点，着重描述了人类需求发展的方向，总体上是往大家共识的一个“更好”的方向上发展的。所以，这也必然引出了需求的第二个特点：因为你想要的东西，别人也想要，那么人性欲望本身就决定了人们的需求会不断变化升级。也正是这种原动力驱使着人类不断为更好的生活努力。

比如，同样是满足填饱肚子的需求，原始人茹毛饮血就够了，今天我们用火来烹煮、调味却只是最基本的需要；再比如，同样是社交联络的需求，从书信、电报、BP 机、固定电话、手机再到互联网，每一个阶段的当下，我们都不会认为“退回去用更古老的方式就足够了”，而会感觉用上新工具只是自己“最基本的需求”，也即我们常说的“刚需”而已。

而过去我们眼里的“奢侈品”，现在很多也变成了“刚需”。

比如，今天很多人抱怨说现代社会在很多方面倒退了。他们举例说因为疾病越来越多了，或是环境越来越糟糕了，还不如更原始一些的社会。其实这种说法恰好佐证了“需求是在不断变化升级”的观点。

为什么？因为需求升级了，人们对病痛程度和环境的要求变高了，才会发出类似的抱怨。如果去询问我们的父辈、祖父辈，他们年轻的时候得个流感，脑袋痛几天，这种程度的病痛完全不能称作“病”，对他们来说，去医院请医生看病、吃药都是非常奢侈的事情。而在 PM 2.5 概念广为人知前，人们也极少像今天一样挑剔环境的污染程度。

所以，运用相对思维一想，事情很清楚：从宏观角度，叠加上时间的维度来看，“刚需”和“奢侈品”都不是一成不变的，它们也都随着人们需求的变化升级在同步发展和变化着。过去的“奢侈品”摇身一变成了现在的“刚需”，而现在的“奢侈品”为什么不能成为未来的“刚需”呢？看清这一点，对我们思考产品的战略定位很有帮助。

深刻洞察一个产业领域中的产品需求往往要花费大量时间，下很大功夫。产品设计，从来不是高屋建瓴地画大饼，而是设计过程中自下而上的第一个关键环节。

因此，我们将用较大的篇幅一起来深入探究需求。这似乎是一个人人都会谈的话题，很容易落入空洞，但是又极其重要。通过认识它的本质以及它包含的一系列特点，你将会看到一个全然不同的商业世界。这个世界不仅囊括了互联网产品，还包含了其他产业产品的底层逻辑。基于需求的洞察与行业、产业无关，一旦我们对它有更深层的认知，所有产品中的“为什么”就不再停留于表象，而我们会得到洞察人性的领悟。

认识需求，也是认识我们自身的过程，它既是藏于人性最幽深处的驱动力，也是推动着人类文明生生不息、持续进步的神秘火种。

在探索过程中，我们将逐渐意识到：无法设计出优秀的产品，或许不是因为我们不够聪明和努力，而是因为人们往往会被自己的知觉认识围困，没办法跳出来审视人性本身。

但人性的规律是确然存在的，它就在那里，等着我们去看到它、理解它、正确地运用它。正如古希腊神殿前镌刻的箴言“人啊，认识你自己”——修炼对需求的认知，是所有产品设计者的终身课题。

第二节　需求是什么？

到底什么是需求？它是如何形成的？

心理学、经济学以及很多社会学科都讨论过这两个议题。比如，心理学理论中有我们熟悉的马斯洛需求层次理论[①]；而经济

① 马斯洛需求层次理论是人本主义科学的理论之一，由美国心理学家亚伯拉罕·哈罗德·马斯洛（Abraham Harold Maslow）于1943年在《人类激励理论》论文中所提出。书中将人类需求像阶梯一样从低到高按层次分为五种，分别是：生理需求、安全需求、社交需求、尊重需求和自我实现需求。

学则更关注人与商品间的关系，从消费力水平的角度出发定义了需求[①]。

这里存在一个典型误区，很多人会混淆需要和需求的概念，认为它们说的是同一回事，其实不然。

需要对应的是心理学中的概念，在心理学中指的是心理个体由于自身有愿未遂所导致的不平衡的紧张状态。简单来讲，需要是人们生理、心理层面的匮乏感和欲望，它集中表现为一种对现实的不满。

不满的形成原因多种多样。比如，人们在互相比较时会不满，你有一颗糖，本来很满足，这时发现别人有很多糖，对比之下很可能就产生了不满。再比如，人们无法达成一个目标时也会不满，本来想用两个小时完成一件事，结果发现弄了整整一天还没完成，这时候也会产生不满。

人们对饥饿的现实会不满，对危险的现实会不满，对不被尊重的现实也会不满……沿着马斯洛需求层级步步向上，我们可以清楚看到：对现实的不满永远存在，需求永远存在。下一层级的不满被满足后人们就会想要达到更高的层级。

不过这种停留在生理或心理层面的不满和我们常谈论的产品

---

① 经济学把需求分为个人需求与市场需求，认为个人需求是在一定的时期，一个经济主体对一件商品或服务的效用，通常跟他/她的收入有关，而市场需求反映的是消费者对于某一商品或服务在不同的价格之下的需求集合。

需求不同。最大的区别是它只能被感知但无法被衡量。当我们谈论需求时，必定存在一个具体的产品。产品需求是指用户对某个具体产品的需要，而用户行动可以衡量这种需求。

举例来说，假如我们问一个用户“想不想吃米其林三星大餐？”“想不想环游世界？”大多数情况下，他们的答案都是肯定的。可用户会不会真的选择去吃大餐和环游世界呢？可能会，也可能不会，取决于他们有多想要，以及他们能否负担行动的成本——付出相应的钱、时间、精力去做这件事。

因此，产品设计中所探讨的产品需求更靠近经济学研究的需求。任何时候，我们都要意识到：想要、要得起、要的行动，是完全不同的三件事。“想要”是需求存在的前提，“要得起”是用户行动的综合成本足够低，“要的行动”则是用户最终的选择。只有当用户非常“需要”某个产品，又完全“要得起”的时候，用户才可能对产品产生需求。

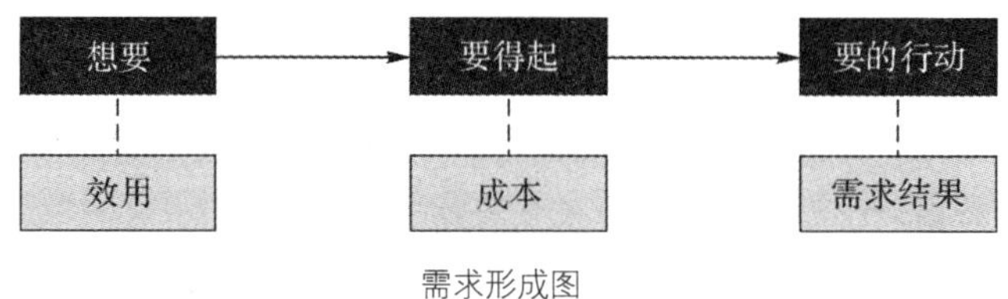

需求形成图

最后，让我们记住关于需求的两大要点：

需要不等于需求，但需要是需求存在的前提。

不能用行动表达的不是需求。人们对某种产品的需求和得到它要支付的成本密切相关。

第三节　产品需求“四归一”

为了探究哪些因素影响产品需求，我们可以首先尝试用5W1H分析法[①]罗列出一系列与用户需求相关的问题：

☆ Who：产品为谁设计？目标用户是谁？谁购买，谁使用？数量有多少？

☆ Why：用户为什么要选择我们的产品？除了我们的产品外，他还有哪些选择？产品被替代的可能性大吗？

☆ When：用户什么时候使用我们的产品，多久用一次，会持续多久？

☆ Where：用户在哪里使用我们的产品？

☆ What：产品具体形式是什么？做成什么样？

☆ How：用户是怎么使用它的？

把这些问题全部列出后，我们可以分析发现：前三个问题

① 5W1H分析法又叫六何分析法，它是一种思考方法，也是一种创造技法，广泛用于企业管理和技术活动中，对决策和执行性的活动措施非常有帮助，有助于弥补考虑问题的疏漏。

（Who、Why、When）决定了一个产品的方向，它们可以协助我们判断做还是不做一个产品，而后面三个问题（Where、What、How）则更为具体，它们属于确定要做后再进一步思考的问题。因此，根据产品设计的实践，按照优先级顺序，我们大致可以将需求问题划分成以下两大类：

需求与策略阶段——产品需求四要素

☆ Who：广度＝主体

☆ Why：强度＝解决方案

☆ When：频次、可持续性＝时间

产品设计阶段——需求场景分析模型

☆ Where：场景

☆ What：方案形态

☆ How：操作路径

前三个问题在需求和策略阶段确定。它们对应着产品需求的四要素：广度、强度、频次和可持续性。后面三个问题则具体到产品设计阶段再解决，对应着我们在后文中会提到的需求场景分析模型。

理论上，一个产品需求在四要素维度综合得分越高，用户就会越需要这个产品。可当我们继续深入分析就会发现，广度、频次和可持续性其实是受强度影响的。也就是说，“用户为什么选择产品”才是最重要的问题，四要素中只要抓住强度，所有问题都可以迎刃而解。

以腾讯大热手游《王者荣耀》为例，对比其他网游，它的产品解决方案有何不同？我们来分析一下：

☆ Who：广度＝主体

主体广度更广，既覆盖小学生用户、成年女性用户等非传统网游玩家，也覆盖传统网游玩家；

☆ Why：强度＝解决方案

用户选择玩《王者荣耀》而非其他网游，主要有下面几点重要原因：

1. 单局时间短；操作难度低，易上手；

2. 和朋友们团队作战，社交趣味丰富；

3. 公平性较高，付费玩家也可能输给高技能免费玩家；

☆ When：频次、可持续性＝时间

频率非常高，几乎每天得空都会玩几局；可持续性也不错，继续玩下去动力很强；

发现了吗？由于《王者荣耀》在产品设计上大幅降低了操作难度，让游戏变得更容易上手，因此年龄较小的用户、成年女性玩家等非传统网游玩家也能轻易地加入游戏中；又由于游戏设计的公平性较高，高技能免费玩家也有优势，因此传统网游玩家也愿意留在《王者荣耀》。可见，广度由产品解决方案决定。

另一方面，《王者荣耀》针对用户时间碎片化的需求现状，将单局时长压缩得很短，有效提升了玩家的游戏频次，并且该游戏以社交关系为中心，其黏性和可持续性自然也会更为可观。频次和可持续性本质上也由产品解决方案决定。

所以归根结底，做产品本质上是在做解决方案，做产品强度。

用 Pony（马化腾）的话说，互联网时代没有谁比谁傻太多，每个领域都有机会，也都有人涉足。相比选择哪个领域去做，确定解决方案的方向才是一个产品的核心策略。我们常说要抓需求痛点，可实际上，用户痛不痛是产品教会他们的。产品解决方案做得足够好，用户就足够痛。

第四节　产品强度=体验-成本

我们要怎样才能做出足够好、让用户足够痛的产品解决方案呢?

当我们进一步追问这个问题，就要看看到底哪些因素会影响一个产品的产品强度，有效提升用户对一个产品的需求。

下图是一套需求分析工具。这套分析框架可以协助我们判断一个点子是否靠谱、是否具有用户价值，或者在资源有限时判断在哪儿投入可以获得最优的投入产出比。

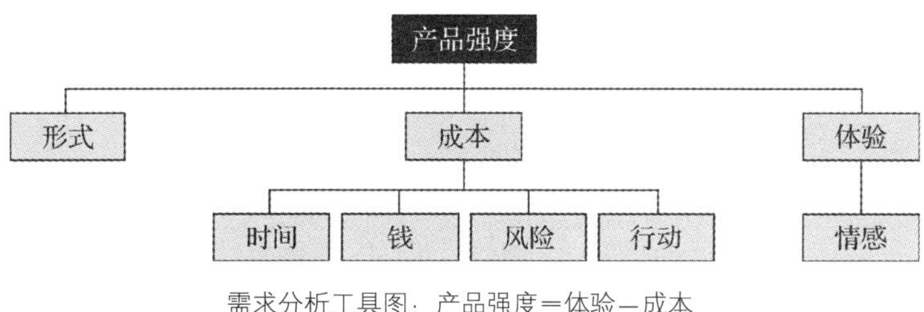

需求分析工具图：产品强度＝体验—成本

这套分析框架用最简单的公式可以表示为：产品强度 = 体验 - 成本。想要提升产品强度，增强产品对用户的吸引力，核心只需围绕着“如何提升产品体验”，以及“如何削弱可能产生阻碍的成本”来进行。产品的具体形式如何反而不太重要。

下面分别举例说明成本和体验如何影响产品需求。

先来看成本方面。

成本是阻碍用户需求形成的最核心因素，但我们常常只关注到那些看得见的成本，却容易忽视那些看不见的成本，后者在用户决策中往往扮演着同样重要的角色。

1. 看得见的时间成本

时间是可见成本中的一种，降低时间成本就是要提升产品效率。

产品人常调侃如果在汽车发明前问着急赶路的用户，他们只会说“想要一匹更快的马”。但事实上，“更快的马”就是用户对效率的追求，需求本质是减少交通时间。假如在汽车发明前，真培育出了新品种的马，能跑得快很多，那当然也是一个好产品。

而现在，出行除了汽车以外，还有火车、飞机等效率更高的交通工具。由此可见，产品的具体形式不重要，重要的是效率有没有提升，时间成本有没有下降。

很多工具型产品都以效率为策略重点进行设计。比如 QQ 同步助手，以前用户换手机转移通讯录里的联系人很不方便，要用数据线连接电脑导入或导出，甚至还有人一条条手工录入。而在使用 QQ 同步助手后，无论你的新手机是什么型号，都可以轻松地通过网络同步通讯录，甚至照片和软件也能同步转移，大大节省了用户的时间，提升了效率。

再比如，很多微信小程序都是为提升单点效率而设计的。2017 年 7 月 1 日起，国家税务局发布的《关于增值税发票开具有关问题的公告》正式实施，要求无论开普通发票还是专用发票，只要发票抬头是公司名称，都必须填写企业税号。这一规定增加了很多商户和普通用户的时间成本，“微信发票助手”小程序是专为干掉这个烦恼而生。在用户侧，公司财务可以把相关信息录入小程序，再直接群发到同事群，所有群内成员都可以一键保存到自己的微信个人资料中，位置在“我—个人信息—我的发票抬头”里，随时可以查看、编辑。更重要的是，商家侧如果接入了微信极速开票，用户到店消费后只需扫一扫，即可获取发票，整个过程在 10 秒内完成，大幅超越了传统流程的开票效率。

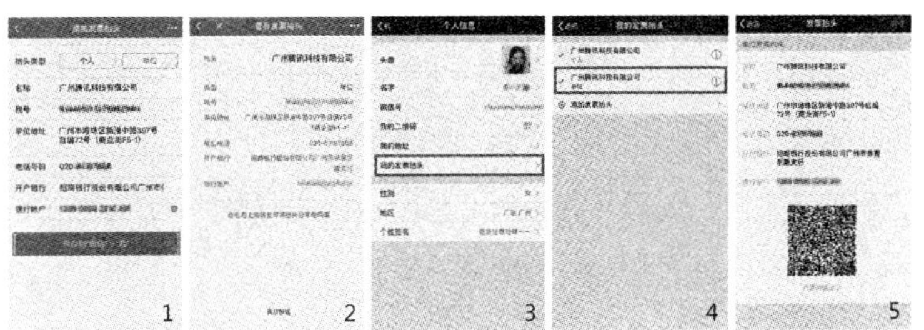

“微信发票助手”小程序使用流程截图

在商务领域，也有很多企业以效率提升为核心策略。例如顺丰速递自购货机，京东自建物流体系，7-11 和全家等便利店四处布店，都主打“快”这一点。更重要的是，它们也用各种策略令用户感知到了这种“快”。

2. 看得见的货币成本

钱是可见成本中另一重要因素，也是谈到成本时最容易想到的因素。对用户来说支付的货币成本变少就意味着企业的产品定价要调低。不过降低定价绝不等于偷工减料，如果产品降价是以牺牲品质为代价的话，降价的做法就没有任何意义，用户也绝不会轻易买账。可如果不在品质上放水，就意味着牺牲企业的利润，相信经历过红海竞争的产品都会对价格战心有余悸。进也不是，退也不是，这似乎是个无解的困局。可总有产品能够想办法破局而出，通过价值创新做到提升品质的同时降低产品价格。产品选择以什么样的方式降低定价直接决定了这个产品是创新型产品还是平庸型产品。

例如，在美国汽车最早的发明者是杜里埃兄弟（The Duryea Brothers），但在福特（Ford）发明 T 型车之前，汽车只是富人的定制品，价格昂贵，难以普及。福特通过发明高度标准化的装配线，大幅降低汽车成本，使得汽车价格降低到大众可接受的水平，这才一举攻占市场，取代了马车。

还有一个典型案例来自小米的线下零售店“小米之家”。在此之前，小米一直走线上销售的道路，因为做线下市场意味着成本的大幅攀升。如果没有办法把线下零售店做到和电商一样的效率，这部分成本就会直接转嫁给消费者，这就意味着小米手机的定价必须提升。为了克服这一障碍，小米付出了巨大努力，通过拓展产品生态链等战略举措，最终用做电商的成本做出了线下零售店。截至 2019 年 2 月，小米之家已经接近 600 家，直供点遍布全国 560 多个县区。

3. 看不见的风险成本

当用户意识到一个产品包含了可能的风险，即使这个产品价格很低或者用起来很便捷，他们也会选择放弃它。我们在设计时必须仔细评估产品的每个环节，思考其中有没有包含可能的风险——那些令用户不安的因素。

比如有一种奇怪的现象：很多安防类产品或化妆品，定价越高反而购买的用户越多。看上去这不符合经济学中的需求定律，实际上是因为这些产品包含了过高的风险成本。当没有足够多的其他证据协助用户鉴别产品质量或真伪时，用户只能把价格当成判断的工具，他们会认为价格高代表着质量更好。所以如果要做安防类产品或化妆品生意，应尽可能提供更多明确证据让用户信任产品的质量。

又比如，当年“汽车之家”上汽车的销量在一系列汽车资讯网站中一路领先，采用的就是降低用户风险成本的策略。其他网站提供的汽车照片都是官方图片，“汽车之家”则全部现场拍摄真实图片，所有细节都让用户实实在在看到，大幅降低了用户感知到的风险成本。

还有一种风险成本来自用户对“我在别人眼里是哪种人”的担心，我们知道，通常个人私密物品的包装上都不会写明内部的货品信息。更重要的是，产品也会在出售页面就明确告诉用户包装的安全性，打消用户对风险的潜在顾虑。

餐馆打扫得干净卫生可以降低用户对食品安全风险的顾虑，产品销售页写明物品“支持无理由退换货”也能降低用户对产品品质风险的担忧。所有这些行动，目标都是为了降低用户的风险成本。

4. 看不见的行动成本

除了风险成本外，还有一种不可见成本阻碍用户选择某个产品。用户是懒惰的，大多数用户遇到有难度的事情都会本能地选择放弃。产品设计需要尽全部力量简化产品，让用户感觉产品好理解、容易用。

在以“降低行动成本”为核心策略的产品中，视频拍摄应用

App“小咖秀”和图书《秘密花园》是最具代表性的。尽管它们看上去风马牛不相及，但本质策略其实完全一致。

一条创意视频的创作门槛和一张手绘图的创作门槛都很高，不仅需要用户搜集素材发挥创意，还有后续一系列的拍摄、绘制工作。对很多用户来说，光想想就可以放弃了。但“小咖秀”和《秘密花园》做了一件什么事呢？它们把视频和手绘图做成了半成品。没有视频和绘画素材是吧，产品帮你准备好，作为用户，只需要配个音、按剧本表演或选择颜色直接涂上去就好。创作的行动门槛一下子大幅降低了，用户对产品的需求自然也就上升了。

降低行动成本也是微信的核心策略之一。从一开始以语音消息替代文本消息，到公众平台的诞生——内容获取从用户主动发起变成了推送给用户，再到语音直接搜索联系人、公众号文章、音乐、小说等。用户的行动成本越来越低，只需进入微信吩咐一句，各类信息触手可得。

再来聊聊体验方面。

在 2016 年上半年中国手机品牌出口量排行榜上，一家来自深圳的手机厂商传音以超 3000 万部的销量名列榜首。它的手机品牌叫 Tecno，不做国内市场，专做非洲市场，自 2015 年起已经和三星、苹果并称为“非洲三巨头”。

Tecno 凭什么在非洲取得如此佳绩？原来它解决了非洲人自拍的体验难题。我们知道大部分手机拍摄都采用面部识别，肤色较深的非洲人脸在光线不佳时根本识别不出来，只能拍到一团黑。

Tecno 通过研究，采用眼睛和牙齿识别定位人脸，再辅以加强曝光，成功帮助非洲消费者拍出了体验更好的照片。爱美是全世界人民的需求，传音凭借这一提升体验的策略打入了非洲 12 个国家，以出货量（主要为功能机）为衡量标准，2018 年，其非洲市场占有率达到 48.71%，位列第一。

能带给用户惊喜、超出用户预期的产品设计才叫体验。体验照顾用户的心理和情感，做到洞悉用户心理，就能让他们喜欢甚至爱上你的产品。

第五节　需求的弹性

我们在用“升体验、降成本”的方式提升产品需求强度时，还必须意识到用户对产品的需求强度会随时间发生改变。由于需求弹性的存在，没有一种产品解决方案可以一劳永逸地保持它的强度。那么，什么是需求的弹性？

我们打个比方，下面三个用户的要求，哪一个你感觉最难做到？

☆ 你不能吃绿茶味的冰淇淋；

☆ 你不能吃冰淇淋；

☆ 你不能吃任何冷饮类食品；

显然，最后一个要求最难做到。不吃绿茶味冰淇淋你可以吃香草味的，不吃冰淇淋的话好像要难受一点，但你还可以选择其他冷饮，但要完全拒绝任何冷饮类食品，这个难度一定是最高的。

所以你看，当我们作为用户去挑选产品的时候，我们永远是有选择权的。A 如果价格太高了，我们就会选择替代品 B，不存在绝对的、一定要某一个特定产品的需求。这就是需求的弹性，它折射出了我们作为人本身所拥有的变通性。

而当我们换了角色，站到商家的位置上、设计者的位置上，我们选择“怎么做产品定位”本质上就是在选择“如何划定我们的市场边界”。

还是上面那个比方，如果你选定的市场范围是绿茶味冰淇淋市场，你的圈圈就画得太小了，这时候用户弹性很大，他会说“没关系我去吃香草口味好了”，用户不选择你的可能性是很大的，你相应面临的风险也就比较大。可如果你选定的市场范围是冷饮类市场呢？你的边界扩大了，假如你又有能力占领这个市场的绝大部分份额，这个时候用户要拒绝你的可能性就比较小了，他总是难以避开你，总会迎面遇到你的。而你面临的风险也就相应降低了。

现在我们再看滴滴的战略调整过程，原因就更清晰了：“滴滴打车”界定的市场边界只在“打车市场”，而“滴滴出行”瞄准的是“出行服务市场”。孰大孰小，自然分明。

可能有人会毫不在意地说：“这说的不就是市场一定要往大了做的道理嘛，这我早就知道了啊。”可如果我们只看到“市场要做大”的观点，无异于一叶障目，丧失了一个很好地了解产品战略定位的思路。

比如，我们如果不把电影市场单纯地看作电影市场，而是把它看作时间消遣市场的一种类型,我们的战略定位就会发生改变。事实上，很多电影院也意识到了这点，它们会在旁边设计很多娱乐设施或直接入驻综合性消费商场，以弥补电影消费的单一性。又比如，空调市场更底层的需求是保持恒定的环境温度，所以管理环境温度的市场可能是更接近底层的一个定位。同样的逻辑也体现在共享充电宝上，看好和不看好它的人对这个市场的理解可能是迥异的。并且，由于需求具有弹性，随着时间和环境的变化，我们将会、也必然会看到更多新产品的诞生。但它们只是以某个崭新的形态出现，满足的还是那些相似的底层需求。

需求弹性意味着人们的选择灵活可变，它不断挑战设计者的洞察力，像个用户代言人一般，发出不容忽视的请求：“请无限逼近我的本质需求。”

所以思考需求弹性，最重要的两个意义在于：

☆ 我们要搞明白，自己的产品到底在和谁竞争，争夺的标的到底是什么；

☆ 如果陷入同质化的红海之争，我们完全有机会通过重新界定市场边界的方式重塑战局。

功能与需求的区别

归根结底，有需求就是有问题，满足需求就是解决问题。

不同消费层级、不同心理层级上的用户，他们的问题也不是完全一样的。而由于需求还会不断地变化升级，我们就可以预见用户遇到的问题也将不断变化和升级。

对于产品人来讲，认清这个现实并不容易，因为每天都有大量的用户需求反馈回来，同时又有新的技术涌现，产品人想保持冷静着实是一件艰难的事情，然而，如果你一不小心犯错，你的产品就会立刻被用户摒弃。

那么什么是功能，什么是需求呢?

其实在腾讯内部，是很少提产品和功能的，我们一般只会强调解决问题，站在用户的角度去看，我们的产品能够解决用户的什么问题，如果能既快又好地解决了问题，那就是好的产品。

功能是显性的特征，有时候能看到的需求也是显性的。藏在背后的往往才是问题的真正关键。

有“中关村才女”之称的梁宁讲过一个案例，如果以一台

ATM 机为例，可以从三个问题展开产品讨论：

☆ ATM 机提供什么服务？

☆ 一台 ATM 机的设计，有哪些特性？

☆ 一台 ATM 机，服务的全流程是什么？

第一个问题的回答是取现金，这个毋庸置疑。但是，第二个问题的答案给出以后，就会发现如果产品经理按照这种路径去设计 ATM 机，那么明显会离真相十万八千里了。梁宁当时说道，第二个问题是检验菜鸟级的产品经理的最好办法，一般菜鸟级的产品经理的答案都是“ATM 机的前端界面，是公司形象，还有操作提醒；而实际上，这当中还有很多小问题需要思考，比如：从第一次操作，到提取钞票，整个过程需要几步达成？操作提醒放在哪个环节出现？选择声音提醒还是字幕提醒？先取卡，还是先取钞……”

梁宁将这种特性叫作显性特性，也就是说，这其实算是功能。

ATM 机真正解决问题的是如何统计同步数据，支持决策，让 ATM 机发挥战略价值，同时不让资金过多闲置，这是一台 ATM 机设计的隐形特性。

因此，我们看，ATM 机的显性特性就是它能够提供的功能，但是，产品设计者应该明白，ATM 机的产品开发与设计，需要围绕它所能够解决的问题——银行的战略价值与用户的使用——来展开。这就是功能与需求的本质区别。

浅谈产品设计的风险成本

除了努力降低用户的风险成本外，我们还需要意识到团队做一件事或不做一件事都是选择，而所有选择都是有成本的。看不见的风险成本潜伏在产品设计的每个阶段。

比如，最常见的情况是这样的：产品设计团队通常会为产品定一个量化的数据指标来进行考核——这是很多互联网公司都会去做的事，我们把它叫产品 KPI（Key Performance Indicators，关键业绩指标）。有的产品 KPI 定得非常直接，就是钱和时间——用户在产品上花了多少钱或者多少时间，公司会以此来判断产品设计是否达到预期。

这无可厚非，不过值得警惕的是，我们不能小看那些看不见的风险成本。

比如，在为产品做营销文案或广告 Banner（横幅广告）时，如果采用一个“诱骗式”的设计方案，显然可以吸引更多用户来点击广告。这类设计的诱饵可以是并不存在的大奖、无法兑现的承诺、远离实际的夸张用语等。如果仅用点击量评估，这类方案对实现可见 KPI 是有很大帮助的。但如果把评估周期拉长，不可见的风险成本将逐步显现。随着用户对产品信任的流失，长期来看，用户总流量其实是更低的。

所以，对于真正优秀的产品，公司反而不会仅用可见 KPI 指标来考核它的设计者，因为它们懂得以更长远、综合的眼光去评估产品的总成本。

表面上看这似乎是一个“道”的提法，但事实上风险成本真实存在，沿着“术”的思路走下去，最终往往殊途同归。

第三章

产品设计

通过对需求的洞察，对市场潮流以及人性的分析推演，我们可能会发现一个全新的产品概念。它包含产品的定位和一系列假设推演后得到的理论模型。这时产品还停留在“点子”阶段，它们极有可能是对的，但在我们真正用产品证实这一点前，它们仅仅只是一些飘在半空中的散乱蓝图。

在这一章里，我们将着手进行具体的产品设计工作，利用一些产品方法论工具从无到有打造一个产品。这是真正谈论“如何做产品”的章节，所以本章内容涉及很多工具和分析方法。不过万变不离其宗，你将看到在所有这些工具和方法背后，“如何思考问题”仍然是产品人最核心的任务。我们仍将重点放在案例和设计思考过程上，具体的操作步骤尽量简要带过。

大前研一曾在《思考的技术》一书中提到：“日本的考试都是在考套上方程式后答案对不对，美国则是考学生有没有能力将方程式导出来。” 无独有偶，有故事说爱因斯坦曾连续两年给学生出完全一样的考题，别人问他为什么，他答“因为答案变了”。大前研一的方程式和爱因斯坦的考题都只是工具和方法，唯有分析问题、解决问题的能力才是一个产品人实力的体现，也是别人无法拿走的部分。因此，本章内容将努力把所有工具和方法以知其所以然的方式展示出来。

第一节　设计流程：传统设计与精益设计

在传统产品[①]设计工作中，整个产品设计体系遵循一个漫长、严谨的论证设计流程。如图所示，传统流程体系是把所有环节线性串联，后一项工作必须在前一项工作结束后才能启动，以此确保各环节的质量可靠及流程严谨可控。

不过可控的另一面意味着适应变化能力薄弱。尤其当下互联网产品竞争愈渐激烈，按传统流程从用户研究到发布，很可能闭门造车几个月出来的产品却已落后于大环境，投入的开发成本也打了水漂。

因此，传统产品设计周期长、适应力弱的特点越来越不适用于当下的互联网产品。产品人急需一种更加高效、更具适应力的

① 这里提到的传统产品并不仅限于传统行业的产品，还包括 PC 时代的 IT 类产品；它们的共同特点是迭代周期较长，一般以年度为单位。

产品设计体系。

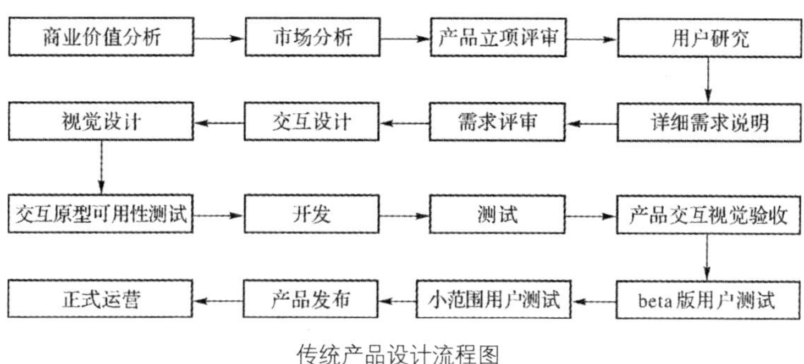

传统产品设计流程图

精益产品设计就是在这种大背景下出现的全新产品设计体系。硅谷创业家埃里克·莱斯（Eric Rise）在其著作《精益创业》中首次提出“精益创业”（Lean Startup）的理念，并分享了精益产品设计的核心思路。

“精益产品”设计理念最初来源于丰田的精益生产。丰田用日文“现地现物”一词概括了精益生产的首要原则。它和我们在产品思维中提到的第一性原理有相似之处，强调所有决策必须分析第一手信息，不接受任何想当然，也不依赖他人的汇报。关于丰田运用精益生产有一个著名案例：丰田 2004 年款塞纳小型厢式车。当时塞纳的主要市场在北美，负责开发的首席工程师横古雄司为了解如何改良这款车，开车走遍全美 50 个州、加拿大 13 个省及地区，以及墨西哥所有地区。他在旅途中观察真实的顾客并和他们交谈。通过搜集第一手资料，横古雄司得以验证他对北美消费者的一系列假设。

和汽车不同，互联网产品具有天生智能化、数据可实时反馈的特性。产品设计者们不必像横古雄司那样游历四方搜集客户反馈。但“精益”的核心理念没有改变：以“尽快获得用户反馈验证产品想法”为重中之重。先以最低成本设计出一个最小化可行产品，然后通过收集用户第一手反馈验证产品猜想，快速迭代，不断修正，使产品最终适应市场需求。

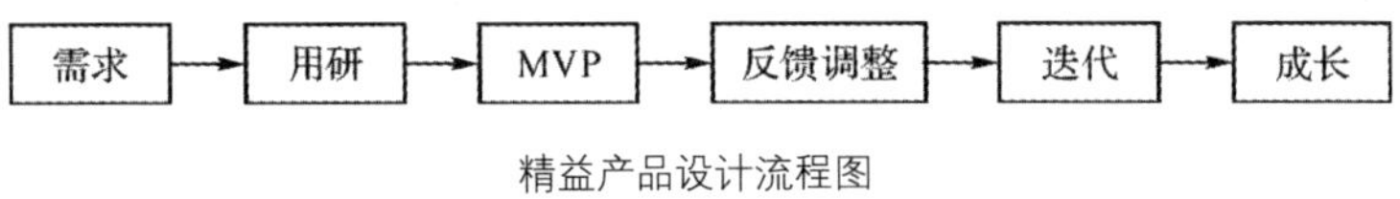

精益产品设计流程图

精益产品设计流程把传统产品设计流程高度简化，将很多原本处于串联关系的流程并行运作起来。它强调用户反馈与产品迭代紧密结合，通过不断“反馈—迭代”的开发循环，建立更贴近用户需求的设计机制。

下面不妨再来看看腾讯公司是如何将精益产品的设计思路运用到不同类型的项目开发流程之中的。

首先我们来看一般互联网及移动互联网项目的开发流程。它们主要包含六个阶段：立项、需求、开发、体验、测试以及发布。

其中，立项阶段最重要，它要回答“做还是不做”“为什么要做”的问题。不过相比“为什么做这个产品”，弄清“不做这个产品有什么损失”“最大的风险和最糟的结果是什么”更重要。在分析项目可行性的同时，分析项目风险和不可行性将有助于我们全面洞察需求和市场，进而做出正确的立项判断。通常在立项阶段，产品策划需要进行需求和市场分析，提交市场分析报告（MRD）和产品策划初稿。

需求阶段要回答“这个产品具体是什么”的问题。在立项阶段确立产品方向后，我们需要快速找到那个对的产品模型。这一阶段的主要任务包括用户研究、需求场景分析、打造 MVP 以及设计产品的规则、架构、流程、交互等。它是一个将产品抽象概念具象化的过程。

开发阶段对应“如何将产品做出来”，体验、测试与发布阶段则对应“在不同范围搜集用户反馈”。通过接收用户对“产品实际用起来怎么样”的反馈，产品得以持续迭代发展。

值得注意的是，这六大阶段并不是单纯的串联关系。它们在时间线上彼此影响、相互牵连。比如，立项阶段的讨论常常要提前涉及技术开发、运营等一系列问题；而需求阶段的方案选择也依赖于开发、运营的实现，测试与发布阶段的工作也应及早介入流程之中。

此外，相比常规互联网产品，大型游戏产品的开发制作流程更为漫长和复杂，因此其项目开发流程也与上述流程差异较大。腾讯互动娱乐业务事业群在开发集成游戏时采用的流程为：Integrated Game Development（简称 IGD，集成游戏开发）。如下图所示，其核心思路是自建审查节点，通过 GR（Gate Review，关卡译审）、TDR（Technical Design Review，技术设计译审）等重要评审活动，构建产品反馈体系，及时发现项目问题。

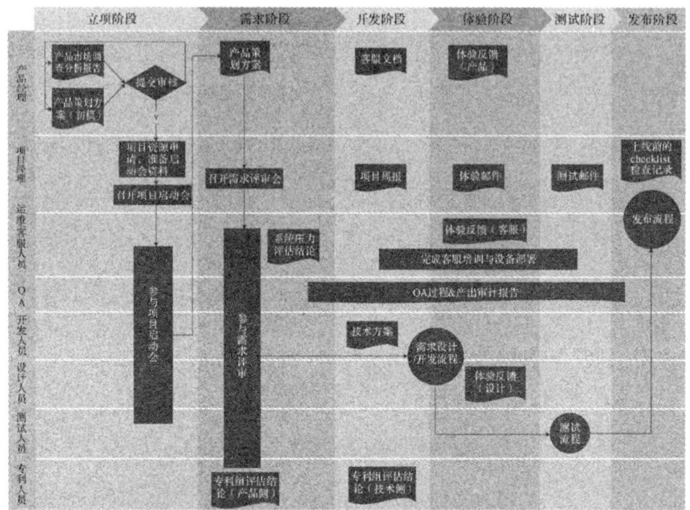

新项目立项到上线流程图

互动娱乐业务系统集成游戏开发流程图（IGD）

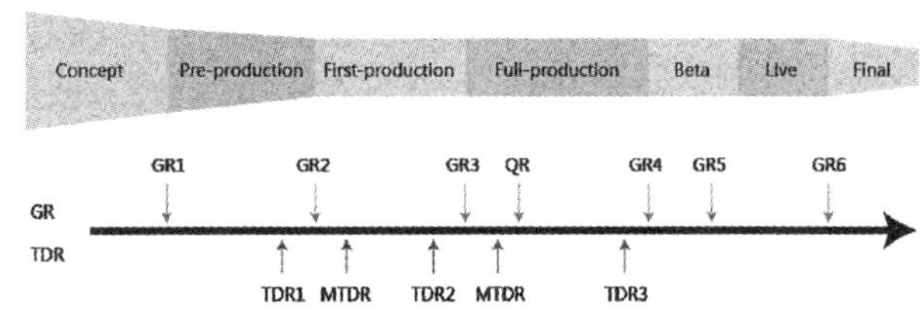

阶段	主要意义	阶段准入评审点
Concept	提炼确定产品核心概念	
Pre-Production	依据产品核心概念，规划产品特性表；验证技术风险，确定美术风格	GR1
First-Production	基于产品核心概念，完成核心系统开发；工具和制作流程准备完毕	TDR1；GR2
Full-Production	基于全部产品概念进行产品开发	MTDR；TDR2；GR3
Beta	通过CB，验证产品核心概念和产品品质	MTDR；QR；GR4
Live	基于产品核心概念进行宣传和推广	GR5
Final	产品结束运营	GR6

腾讯互动娱乐业务系统集成游戏开发流程图

第二节　用户研究：建立用户模型

产品在需求分析阶段如果没有引入用户研究，那就和闭门造车无异，后果严重。不过更常见的情况是，有的产品用户研究也做了，该访谈也访谈过，该发问卷也发过，但最后发现没什么作用，对产品设计实际帮助不大。

甚至还有一种更糟的状况：通过用户研究跟用户确认过的某个产品方案，真正推出时，用户反响和用户研究结果差异巨大。用户研究的时候用户说会购买、很喜欢，但产品实际投入市场后根本无人问津。

这些现象让我们不禁困惑：用户研究真的有用吗？到底是哪里出了问题？

其实，用户研究最重要的原则只有一个：获取足量真实的用户反馈。

要做到这一点并不容易。无论访谈还是问卷，当人们意识到有“他者”存在时，他们表达的信息和真实行为之间总是存在一定落差。这种人性本身的自欺欺人，很容易导致调研过程流于形式。更多时候，不仅被调研的用户会自欺，产品设计者自己也会。关心则乱，设计者常犯的错误是带着自己的主观倾向去提问，并期待用户答出自己心目中的满意答案。所有这些因素，都会影响用户反馈的真实性。而一旦我们获得的基础数据不真实，由此分析、建立的用户画像和产品模型就全都沦为了某种程度的臆想，不具有实际的商业价值。

用户研究过程三段论图，获取阶段的数据真实性是整个用户研究分析的基础

那么，如何才能获取到真实的用户反馈呢？抓住两个要点即可：

第一，选用对的用户研究方式。

比如需求挖掘的策略阶段，尽量避免用问卷这种以封闭式问题为主的用户研究方式，定量的问卷数据不会显示潜在的需求，这时候定性的访谈会更有效。当产品进入开发阶段，纠结于两个不同方案的可行性时，采用 A/B Test（A/B 测试）进行用户研究测试获取反馈就是不错的方法。当产品发布上线后，确认用户满意度和流失根本原因时，定量和定性的方式都是可行的，可以结合使用。

此外，用户研究并不局限于访谈或问卷等与用户直接交流的方式。亲自深入产品应用的场景，暗中观察用户行为是更好的选择。

网络检索或潜伏在产品相关的论坛、讨论群中观察用户的关注点，分析他们的好恶、思维模型等，也是获取用户真实反馈的有效方式。

第二，遵循一些用户研究技巧。

下面分别提供一些靠谱的用户研究技巧作为参考。

1. 问卷设计时获取真实反馈的技巧

别考验用户的耐心：问卷设计的问题量尽可能少，一次只问明白一个重点即可，多次发放小问卷胜于一次性让用户答一张大问卷。

选项的完整和独立：多个答案选项之间一定要各自独立、完全穷尽，独立意味着没有交叠部分；穷尽意味着提供的选项要覆盖所有可能性，不会出现用户被迫从选项中挑一个的情况，比如“不记得了”也是一种可能。

避免模糊用语：清晰准确地描述你的问题和答案，以获得真正定量的统计数据。如果不同人对问题或答案中涉及的词汇定义有不同的理解，那么这个问题或答案就是模糊不清的。例如，答案中出现“经常、偶尔”等词语，就是有问题的。因为对不同人来说“经常、偶尔”的定义是不同的，有人认为每天才是经常，有人可能觉得一个月一两次也是经常。

问卷数据清洗：把一些明显紊乱、无效的数据清理排除掉再进行问卷数据统计。

2. 访谈时获取真实反馈的技巧

第三方立场：在访谈的最开始亮出第三方立场，表明自己是受产品设计者委托来进行的调研；即使不是第三方也要扮演第三方，打死也别承认这个产品就是你自己设计的。

由浅入深：访谈的话题层次由浅入深，别一上来就问敏感话题，用一些简单易答或活跃气氛的问题作为开场白，再步步深入更正式和敏感的话题。

聚光灯留给用户：用用户语言说话，避免专业名词，用户研究不是产品设计者的炫技场。要尽量保持无我状态，任何让你和用户产生距离感的表达都要克制。让用户感觉“我的反馈很重要”。

及时确认和追问：当不能辨识用户的意思时，一定要做进一步确认。比如问用户“不好意思，我理解你的意思是说……这样对吗？”当发现用户跑题或用一些模糊不清的话语简单带过问题时，要及时追问下去。比如用户说“挺好的”“不太喜欢”，要具体问清好或不好的具体感觉是什么，针对哪一方面而言。

关注隐蔽信息：有时候用户说了什么不是最重要的，一些没说出口的东西才是用户研究需要关注的重点。比如用户在谈到某个话题时传递出了异样的情绪，或者用户的思考模式异于你的预期，这些细节背后隐藏的东西都值得思考和挖掘，它们更具价值。

避免诱导：尽量避免提出封闭式问题。刚接触用户研究时，最严重也最易犯的错误就是自顾自讲了一堆产品的方案、思路或假设，问用户会不会喜欢或会不会购买。我们要知道，这样的提问完全是没有意义的。不管用户回答“是”或“否”，那都不是他心中真实的答案，或者说不是真实情景中他会采取的行动。

保持专注和耐心：不要急着推进你的问题，给用户一些思考和停顿的时间。在收到负面甚至贬损的反馈时，也要耐心、平静地向用户确认问题，不要认为用户的批判是在针对设计者。为了获得认同感流露出任何情绪都是不专业的表现。

好，现在经过种种努力，已经完成了“获取足量真实的用户反馈”。接下来怎么做呢？让我们回归目标——在 MVP 尚未形成的需求挖掘阶段，用户研究目标就是在真实数据基础上提炼出影响产品的最核心的因子，根据核心因子为用户分类，建立用户模型。

核心因子提炼需要一个比较长时间的抽象过程，它的结果取决于产品设计者对用户的理解程度。不同的设计者可能会以完全不同的核心因子去定义同一类产品。如果你能够获取足够多且真实的用户样本，你能提炼出的核心因子一定也更加准确。

试举两例，来看看对不同产品如何提取核心因子并建立它们的用户模型：

女装服饰类产品

核心因子：消费能力＋潮流敏感度

纵轴：消费能力的高低

横轴：潮流敏感度的强弱

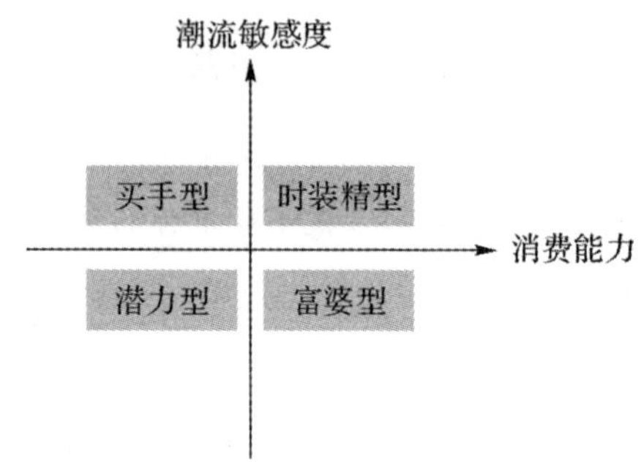

某女装服饰产品建立的用户模型图

手机安全产品（腾讯手机管家）

核心因子：使用主动性＋对手机安全产品的使用熟练度

纵轴：主动或被动

横轴：经验的多少

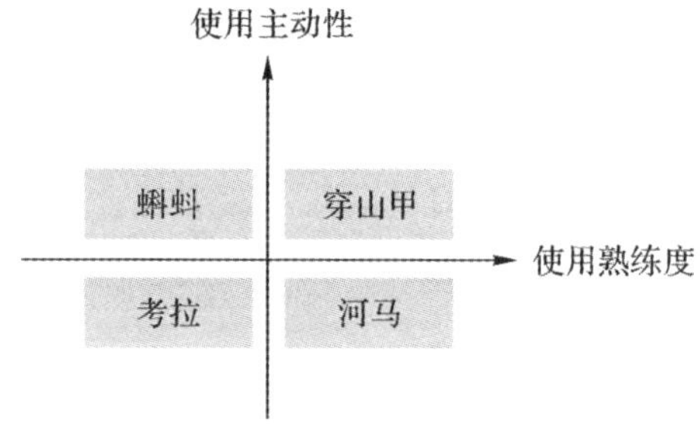

腾讯手机管家建立的用户模型图①

① 蝌蚪是什么都不懂的用户；考拉是大概有概念，但是不关心不关注产品的用户；穿山甲是了解手机用法，而且有探索精神的用户；河马是极客用户，不信任任何安全软件，自己全部搞定。

第三节　需求场景分析：角色、场景、方案

通过对需求、市场的分析，我们已经明确了“为谁而做”“要做一个什么样的产品”和“它将解决什么问题”，但在需求和战略阶段，这些分析都是抽象而非具体的。

一个产品具体应该是什么样，到这里我们暂时还只有一个轮廓型的认识。因此，在撩起袖子大干一场之前，我们还需要作一轮全面的需求场景分析，其目的是为了消除产品解决方案的片面性和局限性，为设计最小可行性产品做好准备。

在前文已经谈过 5W1H 中的 Who（主体）、Why（强度）、When（时间、可持续性）如何影响产品需求。通过用户研究，我们已经建立了产品的用户模型，解决了 Who（主体）的问题，具体到产品设计的场景分析阶段，主体保持不变，我们需要去看剩下的三个维度：Where（场景）、What（方案形态）、How（操作路径）。一般来说，路径可以描述方案，所以后面两点我们会合并在一起去看。

这样就得到了场景分析的方法论模型。它主要包含三个分析维度，即角色、场景、方案，并且所有分析都围绕战略阶段定义的“问题”展开。

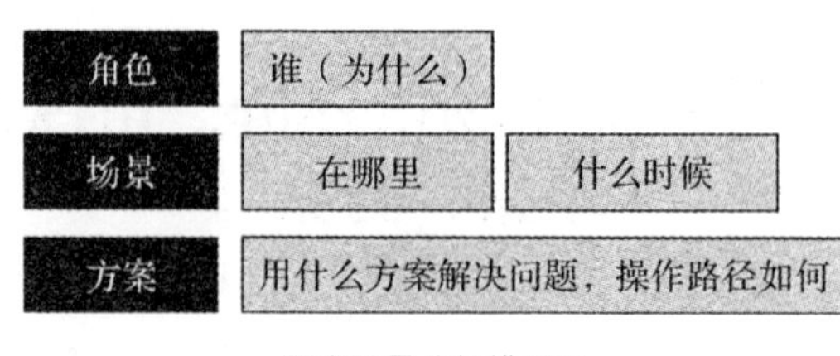

需求场景分析模型图

用户模型分析工作和需求场景分析常同步进行。①

场景分析首先要从角色类型着手。因为同一角色在不同时间、地点、情境下，会有不同层次的需求。简单来说，对于一个30岁左右的商务用户而言，同样是打车出行的需求，在日常上下班时间、周末或异地出差时都有差异；对于一个大学生用户而言，同样是听音乐的需求，在运动健身时、图书馆复习时或晚上睡觉前，也是有差异的。

举个例子，通信录同步产品QQ同步助手在2012年改版时，主要的角色和场景如下表所示。

---

① 在大型互联网公司（如腾讯）的实际工作中，一般由产品经理来负责用户需求场景分析，而将用户模型分析的工作转交给更专业的用户研究团队去做。但在小型互联网公司，两项工作往往由产品经理独立完成。不过用户研究的结论最终还是要纳入产品设计中，产品经理是第一责任人。所以即使将用户模型分析工作交由用户研究团队去做，为了更深入地理解用户、获得第一手信息，产品经理最好现场随行，与用户研究团队并肩作战。

QQ 同步助手需求场景分析表

角色（谁）	场景（时间、地点、动机）	用户量占比	优先级
A 类：换机用户	A1：换新机：旧手机通信录转移到新手机（安卓、苹果同平台或跨平台更换）	90%	P0
	A2：手机丢失，换新机：原备份通信录恢复到新手机		
	A3：手机丢失，临时换二手机：原备份通信录恢复到二手机		
	A4：换二手机：旧手机通信录转移到二手机		
B 类：备份防丢失用户	B1：通信录日常安全备份，要求和手机通信录保持绝对一致	80%	P1
	B2：通信录日常安全备份，要求手机删除的联系人备份不删除		
C 类：通信录整理用户	C1：整理本地通信录，备份到云端（删除无用联系人、旧号码清理等）	30%	P2
	C2：整理云端通信录，更新到本地（导入、分组、旧号码清理等）		
D 类：多机用户	D1：增用一部新手机，新手机恢复通信录	30%	P2
	D2：多部手机，要求日常通信录保持一致		
	D3：多部手机，要求多部手机通信录各自不同		
E 类：通信录异常用户	E1: 手机通信录紊乱，要求恢复正常通信录	5%	P3

对工具类产品来说，产品要解决的问题很清楚，用户在人口学、社会学方面的因素如性别、年龄等对产品影响不大，所以可以选择按需求场景来划分用户模型。但如果你做的是一款社交、

运动、音乐或电商类产品，角色分类时就必须考虑人口学、社会学甚至心理学方面的影响因素。

此外，定义角色和场景的优先级也很重要，它将有助于我们设计产品的交互路径。我们通常会针对优先级最高的场景来设计产品的核心动线。对同步助手来说，最重要的角色是 A 类换机用户和 B 类备份防丢失用户；在 A 类用户的场景中，又以 A1、A2 为最高优先级；在 B 类用户的场景中，以 B1 为最高优先级。产品主页“一键同步”按钮正是针对这些高优先级场景而设计的。

最后来到方案分析的部分。

方案是用户解决问题的具体办法，它包含当前用户选择的常用方案和备选方案。在实际工作中，可以使用类似下图的表格，运用金字塔结构的思考方式，将所有需求场景穷举出来。穷举意味着场景间各自独立、没有遗漏。

注意，在填写方案时，必须依循完整的操作路径，沿着用户完成任务的闭环路径走一遍，记录所有过程中的行为步骤：“场景触发—A 行动—B 行动—C 行动—D 行动—问题解决”。为确保操作路径完整闭环，需要特别关注路径的起点和终点。起点由具体场景触发，它是引发后面一系列行动的动机，终点则指向问题的完结。

需求场景分析表

角色（谁）	场景（时间、地点、动机）	常用方案（操作路径）	备选方案（操作路径）	优先级
A 类	A1			
	A2			
	A3			
B 类	B1			
	B2			
	B3			
C 类	C1			
	C2			
D 类	D1			
	D2			

举个简单的例子，以 QQ 音乐“听歌识曲”为例，在没有这一功能前，人们解决“歌曲识别”问题的需求场景分析如下表。其中一种常用方案可以记录为：“凭记忆辨认 - 想不起来 - 向朋友哼唱 - 得到答复 - 手机搜索歌曲并确认 - 问题解决”。前面对应的场景描述了行为的触发点：听到或脑海中浮响起某段音乐。

QQ 音乐“听歌识曲”需求场景分析表

角色（谁）	场景（时间、地点、动机）	常用方案（操作路径）
A 类：音乐爱好者	A1：商场 / 餐厅 / 酒吧等，听到环境背景音乐	1. 凭记忆辨认—想不起来—向朋友哼唱—得到答复—搜索确认；2. 凭记忆辨认—想起歌手—按歌手搜索音乐列表—试听歌曲确认；3. 凭记忆辨认—想起某句歌词—按歌词搜索—试听歌曲确认；
	A2：车上 / 家 / 办公室等，听到电脑 / 唱机等设备播放的音乐	
	A3：酒吧 / 街头等，听到现场演奏的音乐	
	A4：记忆中某首歌，某段旋律	

续表

角色（谁）	场景（时间、地点、动机）	常用方案（操作路径）
B类：以音乐为职业的人	B1：与音乐爱好者 A1—A4 相同	无法解决
	B2：创作时，弹奏旋律，搜索相似片段	

而使用“听歌识曲”功能后，方案变成了“手机打开 App －进入听歌识曲－问题解决”。产品提供的新方案大大提升了解决方案的效率。一个有趣的状况是，越是需求明确的问题，在没有推出好的产品解决方案时，常用方案的操作路径都比较烦琐，并且存在显著的共性。

第四节　产品 MVP：低成本试错

在需求分析和产品方向判断阶段，最小可行性产品（MVP）是最有效的试错工具。它是产品中最小可行性功能的集合。

在谈论 MVP 时，一个常见的困惑是：MVP 需要具备产品的哪些功能特性？它和我们理想中的完整产品相比，哪些部分是该舍弃的，哪些部分又是必需的？

其实 MVP 的形式、功能都不重要，MVP 设计的关键是：它能否以最低成本验证我们在需求和市场分析阶段提出的核心假设。支付最低成本来判断产品选择的大方向对还是错，才是

MVP 存在的唯一理由。

核心假设是开发一款产品的动机，在开发前我们常会假设这个新产品一经推出必定火爆异常、广受用户追捧。但在真实的商业环境中，我们需要清醒地意识到：所有针对需求的分析都只是存在于我们脑海中想象推理的产物，即使我们对分析的结论再自信，也必须承认它不是真实的，它有可能是错误的。

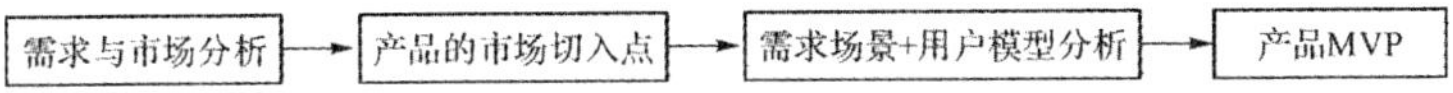

需求与市场分析 → 产品的市场切入点 → 需求场景+用户模型分析 → 产品MVP

产品分析过程图

如上图所示，产品分析过程如同用石头搭建一座房屋；而我们想证明产品结论正确的唯一方法就是往回看，一个个去敲击那些搭建房屋的石头，去看那些石头（假设）是不是真实和坚固的。

核心假设一般包括两大类：价值假设（value hypothesis）和增长假设（growth hypothesis）。价值假设代表“用户认为产品对他们有用、有价值”，不过如果产品只达到用户觉得可用的地步，其价值显然是存疑的。如果我们想要产品大获成功，应以更高标准来定义产品的价值假设通过标准。比如，用户会不会认为这个产品“令人惊艳”，认为它“远超其他产品”。增长假设则是价值假设的一个延伸，它代表产品价值达到用户愿意自主传播的程度，简单说就是具有引爆目标用户群的潜质。

不过验证核心假设只是 MVP 的目标，对的 MVP 还包含一个重要的关键词：低成本。

史玉柱曾在《史玉柱自述：我的营销心得》一书里提到过

制作保健品广告片的MVP思路——当然，那时候叫试点不叫MVP。常见的保健品广告都是按照“保健品公司提需求—策划公司制作—电视台/电台等渠道大量投放”的传统流程开发的。但史玉柱觉得不行，他认为“广告广泛传播前要经过检验”，否则成本太高，效果又不一定达到预期。于是他们开始选择浙江、江苏的县级市去进行试销，因为这些地方“消费能力高但广告成本低”。具体做法是“一般选三个不同类型的县去试，试了之后就每天收集购买数据，每天调查，三个月下来后汇总一下，再进行一些判断”——这些做法和MVP操作思路完全一致。只不过对史玉柱来说，产品是一条电视广告片，而这个产品需要验证的核心假设是：“广告播放后可以有效刺激用户购买”，用户的购买行为就是产品要验证的价值假设。

再举几个例子。

假如计划开发一款利用视频指导大家健身的App，需要验证的假设可能包括：

☆ 用户确实需要视频形式的健身指导；

☆ 用户需要指导的频率较高；他们会在家里持续使用并期待我们持续提供产品服务。

这时并不应马上投入开发MVP，那样成本还是太高了。快速组织一批用户，建个微信群，在群内提供指导，观察用户反馈和使用情况可能是更好的选择。

再比如，你计划打造一种新型的户外广告媒体，需要验证的假设就包括了两点：

☆ 这种新型媒体能够持续捕获用户的注意力；

☆ 广告主愿意为用户的注意力买单。

显然，第二点是已被公认的假设，只需要验证第一点即可，所以 MVP 应该是制作一个投放点的内容，观察并统计它捕获用户注意力的能力。

埃里克・莱斯在《精益创业》中还提到了 Dropbox（多宝箱）以视频作为 MVP 的案例。Dropbox 当时面临的假设是：

☆ 如果我们能够提供一种文件同步的超级体验，人们会试用我们的产品。

Dropbox 创始人德鲁・休斯顿（Drew Houston）曾将他的想法讲给多个投资人听，然而没有一个投资人认为他的点子靠谱。另一方面，Dropbox 的产品致力于实现跨系统的文件同步，项目的开发成本高、周期长，根本没有办法做出产品原型给用户和投资人试用。最后，德鲁・休斯顿想出了一个好法子，他拍了一段三分钟的视频，通过视频演示详细展示了 Dropbox 将要实现的产品体验。结果这个视频吸引了几十万人访问网站，产品公测版的等候名单从 5000 人上升到 7.5 万人，很好地验证了产品的核心假设。

通过对上面 MVP 案例的拆解，相信你已经看到隐匿在背后的逻辑暗线。当我们无法看清产品要验证的核心假设时，可以从这几个维度开始思考——需求是否真实存在、用户模型是否真实准确、需求场景和用户模型分析是否到位。具体分解后，可参考下面的问题进行验证：

☆ 产品对用户来说是否真的具有价值？用户会不会为产品而行动？

☆ 付诸行动的用户在测试用户中的占比有多大？（行动可以是购买、注册等行为，要以真实的行为数据作判断）

☆ 与竞品相比，用户认为我们的产品有什么优缺点？

☆ 不同类型的用户如何认知产品？他们认为产品解决了自己的什么问题？

☆ 不同类型的用户是通过什么渠道发现产品或服务的？

☆ 在哪些场景下使用产品？如何使用？

分析到这里，可能还存在一种疑惑：“我已经弄清了产品需要验证哪些假设，可还是不知道 MVP 模型要做成什么样。”那些成功打造 MVP 的人，是怎么想到精准的低成本模型的呢？这是一个更抽象的问题。

事实上，这一问题贯穿在整个需求战略、需求场景、用户模型的分析过程之中，当你把这些工作切实推进时，也许在某一个节点，就会突然搞清楚该怎么打造你的 MVP。

如果上面的描述过于灵感化，换成更具体的描述可以这么说：提取最大化覆盖需求场景的那一小点共性去做。

举一个音乐 App 的例子，如下表所示，在细化需求场景后，繁复相似的路径启示我们去寻找全新的解决方案；这个方案要能以单一的形式去覆盖绝大多数的听歌场景，而这个 MVP 方案就是——歌单。

音乐 App 需求场景和搜索路径分析表

角色	场景	路径
工作用户	睡前，听一些能唤起内心情绪共鸣的歌	近期搜索、收藏暖心型歌曲—自建歌单—睡前播放
	加班时，想听不会分散注意力的轻音乐	日常搜索、收藏轻音乐型歌曲—自建歌单—加班时播放
	下午茶歇时间，放松一下，想来点带劲儿的摇滚	日常搜索、收藏摇滚型歌曲—自建歌单—休息时播放
学生用户	图书馆复习，想听能集中注意力的白噪声	日常搜索、收藏白噪声型歌曲—自建歌单—复习功课时播放
	热恋时期的闲暇时光，想听些甜蜜的曲子	近期搜索、收藏甜蜜型歌曲—自建歌单—休息时播放
	跑步运动时，听快节奏的歌	日常搜索、收藏快节奏歌曲—自建歌单—跑步时播放

续表

角色	场景	路径
音乐圈用户	夜深人静时，在书房听古典音乐	日常搜索、收藏高质量古典音乐—自建歌单—晚间播放
……	……	日常搜索、收藏 ××× 类型歌曲—自建歌单—××× 场景时播放

常见的 MVP 形式

形式虽不重要，但了解一些常见的 MVP 形式对设计 MVP 还是很有帮助的。

☆ 微信公众平台

微信公众平台提供了一个极佳的移动产品 MVP 平台。首先从开发成本看，公众号开发无须适配，只需掌握 PHP、HTML5 等网站开发技术即可实现很多类原生应用效果，相比独立 App 动辄多平台、以月计的开发时间成本，公众号显然更具优势。其次从获客及用户反馈成本看，微信天然的社交关系链让分享和自传播变得更容易，用户也能更轻松地找到开发者反馈问题。

当然，公众号也有它的功能局限。最终是否选择它担当产品 MVP 还是要看产品待验证的核心假设是什么，具体问题具体分析。

☆ A/B 测试

在某个产品设计节点上，有时会无法抉择哪一个方向更受用户青睐，遇到这类问题我们常采用 A/B 测试。它指的是：让一部分用户看到 A 方案，另一部分用户看到 B 方案，最后根据两种方案的用户反馈数据作产品决策。

不过值得注意的是，产品使用 A/B 测试并不意味着就构建了正确的 MVP，还是得回归 MVP 的两个基本要求去看：低成本和验证核心假设。通常我们不会傻到选择两个高成本的方案去做 A/B 测试，但却常掉进后一个坑里，自以为完成 A/B 测试 MVP 这关就算过了。

形式永远只是表象，当 A 和 B 的数据反馈都不理想时，解决方案可能在未知的 C 上，也可能根本问错了问题。不要执着于 A 或 B，继续寻找，直到核心假设通过为止。

☆ 众筹 / 产品预售

如果想验证用户对产品的兴趣度，或硬件产品，面向大众的众筹平台是个不错的选择。国外如 Kickstarter 和 Indiegogo（国内也有很多创业型众筹平台），除了其他业务之外，还提供进行 MVP 测试的平台。这些网站本质上来说是 MVP 的集散地，可以通过筹款活动中客户的贡献度来判断人们的兴趣点。

这项活动把验证性学习的优势和众筹结合起来，甚至可以给你机会接触到一群对产品感兴趣又积极参与的早期使用者；同时，这也是建立口碑的好时机，你还能得到持续不断的反馈。

你不用花费很大力气就能听到以 Kickstarter 营销作为开头的成功故事。Pebble 智能手表和 Ouya 游戏机是比较好的例子，在产品发展之前就募集到了数百万美金同时还打造了良好的口碑。

关于预售，虚拟现实游戏装备开发公司 Oculus 在开发的装备生产之前就发起了一个预订网页。而 Kickstarter 的很多项目也是始于预订。这能帮助你了解你正在努力制造的产品究竟有多大的需求量，并提醒你这个项目应该继续还是应该放弃。

不过预订有个显而易见的问题就是顾客也许比较谨慎，他们会担心你最终寄给他们的产品与当初承诺的并不是同一个东西。

☆ **人肉手动式 MVP**

人肉手动式MVP体现了创业中“聪明人下笨功夫”的必要。

除了选择制作一支视频或者写一段框架代码，在市场验证初期还有一种选项是——什么都靠人肉来。这种 MVP 的核心概念就是，先假装你有了全部的功能，但会让你最终真的实现所有的功能。在这个过程中，客户以为自己正在体验的是实际的产品，可是事实上他们在使用的产品的背后效果都是人堆出来的……

ZeroCater 的创始人 Arram Sabeti 就是从一张超大的电子表

格开始的。通过这张表格他持续追踪他能够连接的公司和筹备人。Zappos 也是以这样的方式，其创始人 Nick Swinmurn 人为手动地将当地鞋店里鞋的照片都上传到网页上来测量一个网上商城对产品的需求量。

当有人在网上下单买鞋时，他会去当地鞋店买下客户下单的那双鞋。相较于一开始就投资在基础建设和商品库存上，这样的方式让 Zappos 能逐渐找到它们的产品是否会被市场接受的答案。

这样的方式也能够在产品设计的关键期让创立者更好地与顾客进行互动。第一手观察真实的顾客总是比一个假设型客户调查来得更有用。同样这也能够最快地发现这个产品是否解决了现实世界里顾客亟待解决的问题。

通过纯人肉的操作，你也给了自己一个机会在量产前动态地去尝试不同的东西来观察顾客的反应。而对于客户而言，你的产品有用就行，至于背后是如何实现的，他们无所谓。

这种类型的 MVP 毫无疑问需要投入大量的努力，但是最终结果也很值得。因为这类 MVP 提供的关注点更侧重于问题而不是解决方法。就像 Zappos，最终成长为最成功的在线商务平台之一，并且在 2009 年以 12 亿美元的价格被亚马逊（Amazon）收购。

第五节　产品规则：定义产品“三观”

在启动具体的产品设计流程时，确定产品的规则是首要任务。

产品规则凌驾于所有设计流程之上，是一个产品的“三观”。它决定了产品在后面架构、流程、交互、视觉设计、运营推广环节中的所有选择。

在日常交往中，我们通过一个人内在的“规则”去了解对方的“三观”：对方如何表达、如何行动、在不同情境下如何选择以及在所有细节中流露的态度，所有这些构成了我们对对方的整体认知。相比具体的语言交流，这种内在的、凌驾于表象之上的直觉判断，更深刻地影响着我们对某个人的感觉。

同样的，清晰的产品规则会为产品创造出一个独特的场域，它让身在其中的用户能够在意识层面辨识这种感觉。产品友好吗？公平透明吗？专业高效吗？尊重我吗？令人愉悦吗？所有这些体验追根溯源都能在产品规则中找到答案。

一个产品的规则设计，本质上是在回答下面五个基本问题：

☆ 精神理念：什么最重要？

☆ 目标：产品要达成什么目标？

☆ 谁更重要：多方冲突时保护谁？

☆ 鼓励什么：什么事在产品中会受到认可和激励？

☆ 拒绝什么：什么事不能在产品中做？禁止和惩罚什么？

认真回答了这五个问题后，基本上我们就能在每一次设计冲突时做出选择。并且，制定清晰的产品规则还有一个绝妙的好处：它能有效统一设计团队成员对产品的认知，无论是产品经理、交互设计师、视觉设计师还是开发和测试工程师，所有成员遇到问题时都可以按照规则进行选择和判断。

举例来说，如果我们把道路交通看作一个产品，它的设计规则可以表述为：

☆ 精神理念：安全第一

☆ 目标：保障道路通畅

☆ 谁更重要：当行人和机动车冲突时，以保护行人优先

☆ 鼓励什么：清晰的道路标识、有序的行进

☆ 拒绝什么：禁止酒驾，对违规者要严惩

落到具体的产品中去看，我们会发现，五个问题中最重要的问题是更具体的两个问题——“谁更重要”和“拒绝什么”。因为其他问题的回答可以有回避的空间，也就是我们常说的“嘴上

怎么说”，而这两个问题是必须直面、无法回避的，因为它们代表了“实际怎么做”。产品的精神理念，本质上都是透过这两点传递出来的。

比如，要做一个电商平台或物流服务平台，对平台来说，买家和卖家都是客户。当卖家和买家的利益发生冲突时，谁更重要，该保护谁？或者，当企业自身利益和客户利益发生冲突时，谁更重要，该保护谁？

冲突可以是下面任何一种情况：

☆ 用户买到不满意的商品，他是不是可以毫无顾忌地公开差评？

☆ 有一个大商家入驻平台时，你发现平台目前没有和该商家同类型的竞争者存在，这时是选择引入一个新商家竞争还是让这个大商家独家售卖产品？

☆ 物流平台对卖家的服务是收货，对买家的服务是送货。那么当服务的人力资源冲突时，你是优先确保卖家的体验还是买家的体验？

显然，用户的差评会影响卖家的销售量，这时的冲突发生在买家和卖家之间，如果一个电商平台的产品规则是保护买家，那就必须坚持公开展示差评。对于这一点，很多电商平台都能够站在买家一方。

第二种冲突看起来更难选择一点，刚入驻的大商家必然会为平台带来巨大收益，这时候立即引入一个竞争者，看上去似乎损害了大商家（卖家）的利益，并且从表面上看，买家的利益也没有直接受损。有必要这么做吗？

事实上，这是一个关于亚马逊的真实案例。2004 年，美国最大的玩具连锁店“玩具反斗城”把亚马逊告上法庭，原因就是它入驻亚马逊后，亚马逊高层立即决定引入了同品类的卖家与玩具反斗城展开竞争。因为亚马逊始终坚持“买家优先”的原则，站在买家角度，如丧失对同类商品比较、选择的权利，买家权益就遭到了损害。虽然这个官司最后以亚马逊败诉告终，但以 5100 万美金的赔偿金换取客户的选择权，亚马逊认为是值得的。

同样，对一个物流平台来说，卖家似乎是自己更直接的客户，因为选择物流服务的是卖家而非买家，卖家才是物流服务的金主。那么规则是不是很明显应向卖家倾斜呢？如果我们运用系统思维去看，答案可能不那么简单。

买家的收货体验是整个电商服务体系的重要组成环节，一旦买家体验受损，就意味着卖家的信用度也会受损。长此以往，买家还会选择这个卖家的商品么？从长远来看，真正懂商业的卖家会只顾着自己享受及时取货的体验却罔顾买家收货的及时性吗？所以，物流服务平台最终该优先保护的是买家还是卖家的利益，孰轻孰重，答案分明。

当然，一个好的物流平台一定能把买家和卖家双方都服务得很好。但我们现在讨论的是资源局限时的冲突情况，有冲突才有问题，有问题就会逼着我们做出选择。现实世界，从来没有什么完美的理想情境，冲突和问题总在持续发生。只有当我们提前制定好规则，在问题来临时才能据此做出选择。

并不存在最好的、绝对正确的规则，但是产品人一定知道自己的产品想要追求什么样的规则、什么样的精神。并且，我们必须清醒地认识到：这些规则和精神将影响产品在每一个关键节点上的选择。

另外，产品设计者在思考规则时还必须兼顾“人”的因素，规则的设计最好能尊重人性。

比如，微信在最开始做消息会话时曾面临一个选择：要不要让消息发送者看到“已送达、已读”等消息状态。当时市场的先行者 KiK[①] 正是这么做的，它支持“显示消息状态”。据说当时微信团队成员也对这个选择展开了充分争论，最终还是决定不显示消息状态，因为“要给用户说谎的机会”。这个决定的背后隐匿的东西是什么呢？其实也是规则。

对一款即时通信产品来说，消息接收者和消息发送者，到底谁更重要？产品要保护主动的一方，还是被动的一方？发送者当然想要看到消息状态，但接收者同样有选择“我没看到”的权利。

---

① 一款手机通讯录的社交软件。

即使强势如电话，接收的一方在明确听到铃声响起，知道谁来电的情况下，仍有权选择“不接听”，打电话的人并不知道对方是不是刻意不接的。可一旦 App 能够“显示消息状态”，那几乎是一个无法回避的事实，它传递的信息是“我看到了，但刻意不回复你”。这样的事实在社交环境中可以说是灾难性的。由于接收者的选择权被剥夺，他们在使用这个产品时就会产生莫名的压力。此外，从技术角度说，如果产品有信心做到“消息只要发出，用户就一定能收到”的地步，那么“送达”状态也没有必要展示出来了。

深谙人性的设计者不会设计一套不尊重人性的产品规则，相反，他们会在了解人性的基础上设计，使规则尽可能高效地服务于产品。

最后，让我们以一个小故事结束关于规则的话题：

从前，山上的寺庙有七个和尚，他们每天分食一大桶粥，他们没有任何度量工具，为了让每个和尚都基本能吃饱，他们想出了一系列分粥方案。

一开始，他们拟定由一个小和尚负责分粥。但大家很快就发现，除了小和尚每天都能吃饱，其他人总是要饿肚子，因为小和尚总把最多最稠的粥留给自己。

于是，和尚们决定由专人负责分粥改为大家轮流分粥，每天轮一个。可是一周下来，每个和尚只有一天是饱的，就是自己分粥的那一天，其余六天都要饿肚子。

专人分粥和轮流分粥都不可取，于是大家提议推选一个公认道德高尚的长者出来分粥。开始这位德高望重的人还能基本保持公平，但不久他就开始为自己和讨好他的人多分，这种方法还是不管用。

和尚们想啊想，最后决定分别组成三人的分粥委员会和四人的监督委员会，这样公平的问题基本解决，可是由于监督委员常常会有各种挑剔，而分粥委员又会屡屡据理力争，当互相攻击扯皮达成一致时，粥早就凉了。

所有方案都失效后，和尚们总结教训，终于想出了一个办法：

大家轮流分粥，但分粥人要等到其他人都挑完后再拿剩下的最后一碗粥。令人惊奇的是，在这个规则下，七只碗的粥每次都几乎是一样多，就像用仪器量过一样。原来，每个分粥的人都认识到，如果七只碗里的粥不一样，他必将拿到分量最少的那碗。和尚们的分粥难题总算完满解决了。

第六节　方案出错，90% 是问题错了

产品在设计、开发过程中总是充斥着大大小小的问题。

比如，领导可能会说："咱们产品必须满足 ×× 这种类型的需求，你安排实现一下吧。""竞争对手最近推出了一个新功

能，我们的产品跟进一下？”

运营同事可能会说：“咱们最近刚推出的新版本，有很多用户反馈不好用，你看下个版本怎么改进一下？”

开发工程师可能会说：“上次那个设计方案引入了一些新问题。用户反馈群里也在说，你看怎么办？”

公司高层或合作伙伴可能说：“我在用你们产品的时候遇到一个问题，特别不爽。你们赶紧解决一下！”

…………

产品人在日常工作中总是不断遭遇上述问题。如果我们没有一套处理问题的有效方法，就会在解决问题时出现类似下面的状况：

☆ 解决方案全靠灵感，随机且呈点状分布，没有说服力；

☆ 拆东墙补西墙，这边问题一解决，那边问题又冒出来；

☆ 无法正确处理领导或同事对产品提出的意见建议，陷入被动设计的局面，做出一个被需求的无用产品；

☆ 在与竞争对手过招的过程中，被对手的节奏带着走，无法有力回击、走出困境。

很多时候，我们无法拿出一个漂亮的解决方案，不是因为缺少灵感或是别的什么原因，而是方法不对。其实，所有这些看似棘手的状况背后，都藏着一个普遍适用的应对法则。只要我们不断练习，熟练运用这个法则，就能解决几乎所有的产品难题。

你可以在《决策的艺术》[①]一书中提到的 PrOACT 法则、麦肯锡经典培训教材《金字塔原理》以及众多思考者的著作中找到这个法则的踪迹。在产品设计领域，我们可以把它定义为“问题—拆解—方案—结论”四步法则。其具体操作步骤是：

第一步，定义问题。

通过弄清“问题背后的目标是什么”进而弄清“真正的问题是什么”；如果目标定义得不准确，就会使一个原本可以被回答的问题变得无法解答。

第二步，拆解问题。

将复合问题拆解成可以被回答的元问题；元问题的判断标准是能够直接导出相应的解决方案；拆解过程遵循 MECE 法则[②]；

第三步，导出方案。

根据元问题，一一导出解决方案；

第四步，评估得出结论。

比较解决方案之间的优劣，做出取舍、得出最终结论。

---

① 约翰·S.哈蒙德著，PrOACT 指问题(Problem)、目标(Objectives)、可选方案（Alternatives）、结果 (Consequences) 和权衡（Tradeoffs）五个要素的缩写。

② MECE 法则来自《金字塔原理》，全称 Mutually Exclusive，Collectively Exhaustive，中文意思是“相互独立，完全穷尽”。

上面四个重要步骤中，又数第一步最重要。可以说，90%的方案错误都是因为没找到真正的问题，或是在执行中遗忘、偏离了真正的问题。

领导说产品必须满足某种需求，竞争对手的新功能要不要跟进，用户或客服反馈产品有问题、不好用，所有问题都可以一步步追问下去，直到问出真正的问题。

例如，产品不好用的话，究竟是哪里不好用？具体在什么时间、地点，为了达成什么目标而使用？使用的时候遇到了什么情况？这种情况背后的真正问题是什么？这个问题是否已知？如果未知又可以归类到哪个模块去解决？只要用四步法则持续追问下去，答案就会自动浮现出来。

来看一个简单的例子：

某开发工程师接到的开发任务中有一个UI动效的需求，他研究后发现，要达到需求要求的效果预计会耗费一周左右的开发时间，大大超出了任务的时间预期。这时他面对的真正问题是什么？如果他认为是“时间与任务量不匹配”的问题，他可能会向项目组申请增加开发时长或增加人力协助等。但如果他能追问下去、看到“UI动效只是表现层，它服务于底层需求，真正的方案是由需求导出的”，他可能就会换一种方式和团队沟通，确认“为什么一定要做它，换一种低时间成本的方案实现另一种效果是不是可以”。同一现象，问对问题，处理方案截然不同。

再看一个稍难些的例子，俞军[①]在PMCAFF社区抛出的关于滴滴拼车的问题："如何让用户更多地使用拼车功能？"

第一步，先来定义问题：

Q1：问题背后的目标是什么？

A1：从问题分析，追问"为什么滴滴想要让用户更多地使用拼车功能"，进而排除那些已经常用滴滴的用户，明确其目标在于为滴滴平台拓展用户群。

Q2：用户是谁？

A2：排除掉在时间允许时使用拼车的快车用户，主要目标用户群定位在那些使用公共交通的用户，不想坐公交地铁又想相对低成本出行的用户。

Q3：这些用户包含哪几类？滴滴想要争取的目标用户是谁？

A3：包含没体验过滴滴拼车的用户、体验过但已流失的用户、体验过且未流失的用户（流失用户可根据未使用时长定义）；滴滴想要争取的目标用户是前两类用户（后面统称为"目标用户"）。

Q4：争取到目标用户后，是否希望他们持续使用？

A4：是的，希望他们持续使用。

① 俞军，前百度产品副总裁、首席产品架构师，有"百度贴吧之父"之称。

Q5：所以，真正的问题是什么？

A5：真正的问题是，通过什么产品方案可以让更多目标用户改用或重用滴滴拼车功能，并持续使用下去？

第二步，拆解问题：

Q6：真正的问题包含了哪些子问题？

A6：子问题有：

Q6-1: 如何让目标用户知道滴滴拼车现在具有很高的出行性价比？

Q6-2: 如何改变目标用户选择公交出行的行为习惯，转而尝试体验（或再次体验）拼车？

Q6-3: 如何让目标用户在体验拼车服务的全过程中获得满意体验，进而愿意下次继续使用？

以上问题中，Q6-1、Q6-2属于用户“认知层”的运营问题，我们将在后文中再详细拆解，这里仅继续拆解Q6-3：

Q6-3-1: 拼车全过程包含哪些环节？

A6-3-1: 行程前、行程中、行程后。

Q6-3-2: 所有环节中存在哪些影响用户体验的因素？

A6-3-2: 行程前——聚焦于预期，影响因素包括价格预期（不确定动态定价的浮动程度）和时间预期（不确定拼车会不会额外花费很多时间）；行程中——聚焦于实际体验，影响因素包括担心因拼车造成绕路引起的价格增加，感觉全程额外消耗时间的长短（等待同行人的时间），乘车的舒适度和社交意愿；行程后——聚焦于结果，影响因素包括实际花费的拼车价格和感觉中全程花费的总时长。

以上，拆解到 Q6-3-2 这个问题后，我们还必须围绕价格和时间两大因素，发起最后一轮总结性追问：

Q6-3-2-1: 价格问题的本质是什么？

A6-3-2-1: 本质是动态和增幅，即“下单前的预期问题”以及“担心因拼车造成绕路引起的价格增加”。

Q6-3-2-2: 时间感受的本质是什么？

A6-3-2-2: 人们对时间的感知永远是相对的。所以本质上是“拼车额外增加的时间”相对于“总行程时长”的比例决定了用户对拼车额外消耗时间的感知。

基本上问题拆解到这个程度，就可以导出方案了。

第三步，根据元问题，导出解决方案：

针对 A6-3-2-1 导出：

☆“一口价”方案。

因为主要问题是价格的动态和增幅，最佳方案当然是固定价格。这样用户既不担心因他人加入引起绕路加钱，也在下单前有一个确定的价格预期。

针对 A6-3-2-2 导出：

☆ 远距离拼车，即跨城拼车方案；

☆ 交通集散地拼车，即机场、火车站、汽车客运站拼车方案。

因为主要问题基于拼车额外消耗时间的感知，而“感知 = 拼车额外增加的时间 / 总行程时长”，最佳方案应聚焦于缩短拼车额外增加的时间，或拉长总行程时长。

缩短拼车额外增加的时间的最佳方案是直接同一出发地或同一目的地，拉长总行程时长的最佳方案则是匹配远距离拼车。

第四步，评估方案得出结论。

事实上，细心的读者一定可以发现，在导出方案的过程中，其实并没有针对行程中“舒适度”或“社交意愿”等因素导出方案，也没有考虑如何才能减少等待同行人的时间，因为这些因素非常依赖于司机和乘客的主观行动，相对不可控。另外，我们也没有针对价格因素提出烧钱降价的方案，因为那简单粗暴，根本不需要产品设计和思考，不在我们的讨论范畴之内。

通过上面的案例分析，相信大家能感受到一点四步法则的魅力。

第七节 拆解问题的三种方法

在拆解问题的过程中，最难莫过于确定拆解方法，也就是究竟如何进行拆解的问题。即使我们找到了真正的问题，如果在拆解过程中误入歧途，最后也很难导出最佳方案。

拆解问题和数学及工程设计中的“解耦”概念非常相似。耦合即依赖，解耦就是降低模块间相互依赖的程度。现代软件开发方法学追求“高内聚，低耦合”的目标，本质上和我们“将一个复合问题拆解成多个元问题”的思路是一致的。

具体而言，根据我有限的实践和认知，下面归纳了三种可供参考的思考方向。

第一种，将全流程拆解成各自独立的子环节。

这是拆解问题最常用到的方法。在上文提及的拼车案例中，我们用的就是这种拆解方法。想要用户使用某个软件的功能，必须打通用户从接触到了解、从动机形成再到付诸行动的全流程。

类似的，为了达到某个问题设定的目标，我们必须追根溯源，去看从“现状”到“目标”的这一路上，总共需要翻越多少个障碍，然后把这些障碍设定成各自独立的子环节，一一攻克。

创新型公司（如谷歌）或咨询公司（如麦肯锡）发布的面试

题中常常提到一些富有挑战性的题目，例如：

☆ 芝加哥有多少钢琴调音师？

☆ 你所在的城市有多少家理发店？

☆ 一家冰淇淋店、一家面馆每月的净收入有多少？

事实上，这些问题考察的就是应试者拆解问题的能力。一个职业的从业者多少，和市场上需要多少这种类型的劳动力有关，所以只要对人口数据、产品使用频率数据等提出假设，就可以估算出相应的结果。

运用类似的方法还可以拆解很多不同类型的问题。比如在接下来的架构设计中，我们将谈到如何用这个方法去拆解微信朋友圈的架构逻辑。

第二种，将内部问题拆解到外部去。

在商业领域中，这一拆解问题的思路常被应用到定价策略上，特别适用于那些由于生产成本过高，好产品得不到有效推广和普及的情境。

比如爱普生公司的喷墨打印机，由于高成本造成销售困难，爱普生采用了打印机低于成本价售卖的定价策略，依靠后期更换频度更高的墨盒来赚取利润。吉列公司也采用了同样的策略，把剃须刀刀架的价格定得极低，依靠刀片来赚取利润。类似案例更早还可以追溯到 20 世纪 20 年代的 CTR（IBM 的前身，制表记录公司）制表机，当时的制表机成本极高，经营困难，直到托马斯·沃森(Thomas Watson)制定出“不出售只租赁”的定价模式，才带领CTR走出了困境。

产品的生产成本原本是一个不可分割的整体，在传统思考模式中，以低于整体成本的定价去售卖商品是一件“不可能完成的任务”。可如果我们把这个整体拆解开来，让它们各自独立，承担不同的任务，最终反而能够更好地达成整体的目标。

类似的，在编程领域中，“依赖倒置原则”（Dependence Inversion Principle）本质上也基于同样的思路。它说的是程序要依赖于抽象接口，不要依赖于具体实现。在实际开发中，通过抽象接口的设置，高层次模块就能够不再依赖于低层次模块。耦合度降低，软件开发的危机也降低了。

这一拆解方法同样被证明了适用于多个领域。

第三种，将异常流程和主流程拆解开来。

这个拆解方向其实是“将内部问题拆解到外部去”的一种比较特殊的情况。之所以把它单独拎出来，主要便于大家遇到类似症状可以对症下药。今后凡是遇到需要异常处理的流程，不妨停下来想想：这个流程一定要和主流程同步处理么？可以把它和主体流程拆解开来，分别处理吗？

以QQ同步助手2012年产品改版为例，当时我们的目标是让资料的同步和管理变得更便捷，因此需要变更产品逻辑，从单向“备份+恢复”逻辑改为“一键同步”逻辑。当时团队面对的最大困难有：

☆ 用户对“同步”逻辑认知不足，他们只知道同步意味着“保持一致”，却无法理解“和谁一致”的问题；

☆ 产品的核心用户群——换机用户有多种细分场景。用户在换机时既可能以云端为准进行同步，也可能以本地为准进行同步。通讯录资料安全非常重要，产品无法准确判断用户意愿；

☆ 除换机用户外，还存在一些异常情况导致用户执行同步后，预期与执行不符。

针对以上问题，团队分析后认为：解决同步认知困惑的核心是要建立一个一致性认知锚点，把不同步状态和同步状态拆分开。意思是从某个事件点开始，用户能明确认识到手机和云端已完全保持一致，这以后发生任意变更，两边都会自动保持一致。具体到产品设计上，我们引入了新设备接入的初始化流程。一旦用户使用新设备接入 QQ 同步助手必须先完成初始化，选择是否保留手机旧数据并进行首次同步。首次同步就是产品建立的一致性认知锚点，它将不同步的异常流程和同步流程完美切割开，较好地解决了产品的认知难题。

再看一个陷入同步泥潭的例子——苹果 iTunes。对普通的 iPhone 用户来说，iTunes 的同步设计有些糟糕。它的最大问题就是没能建立起同步的一致性认知锚点。一旦用户某次拒绝将手机中所有资料和电脑保持同步，一致性认知锚点就失效了，而对同步的认知一旦紊乱，用户后续操作预期也变得不再明确。或许，iTunes 的同步困境和苹果整体战略有关，可用户体验就是这样，不管产品想要做什么，用户只会按自己的真实体验做出评价。我们也看到 iTunes 在后来的版本中增加了备份方案，想必也收到了不少对同步的困惑反馈吧。

第八节　架构设计：技术方案的十字路口

“产品经理需要懂技术吗？要懂到什么程度？”

这个问题翻译过来可以是：产品人对技术的理解程度会对产品的最终实现产生怎样的影响？这个影响有多大？

事实上，开发工程师在进行架构设计时，和产品设计产品方案时所面对的问题本质上是一致的。不同架构方案有不同的优势劣势，每个方案都有自己在成本效率上的考量。资源有限，在资源冲突时如何确定产品侧的优先级，最大化地贴合当时的产品策略，是需要产品和技术共同探讨决定的事情。

这些决策最终反馈到产品层面，就是产品的性能表现和产品的可拓展性。如果一个产品操作流畅性不够、反应迟缓、流量消耗大、稳定性不足，或是加多几个新需求就令开发头疼不已，所有这些表象都有可能来自一个与需求不够贴合的架构设计方案。

所以我们需要关心的问题关键其实是：产品能在多大限度上让架构设计贴合产品需求？这里面包含了两个关键点：产品与技术的协同力、技术开发的实力。

产品越懂技术或技术越懂产品，协同力就越能最大化。但作为产品的第一责任人，我们不能总期待着技术来理解产品，而需要磨炼将需求翻译成技术语言的能力。

以微信朋友圈的架构设计为例。

丁香园 CEO 冯大辉曾发布过一条微信产品经理面试题，题目是：朋友圈的基本数据结构设计是怎样的？为何它既能做到完美阅读权限设置，又能兼顾性能？

这个问题的定义很清晰，我们可以直接按四步法则把问题拆解为五个问题：

Q1：哪些是与性能无关的数据问题？先排除。

Q2：微信如何处理关系链中的权限？

Q3：从用户刷新朋友圈到所有信息流数据显示到用户手机客户端上，这一过程存在哪些不同的设计方案？

Q4：分析这些方案的优劣点，以及它们对产品性能有什么影响。

Q5：微信如何做出取舍，确定最终实现方案？

先来看 Q1，比较简单。像文字、图片、时间、位置等数据类型是单独存储的，它们和权限、性能无关。不管是哪种类型，适用的规则都是相同的。

再看 Q2，微信采用了“标签分组”的方式进行关系链的权限管理。在产品形态上，从表面看是双向关系，底层的数据存储却是单向的，即每个用户各自存储一套自己的通讯录数据。所以，当有人把你从他的通讯录中删除时，你是不知道的，因为你自己的通讯录数据没被修改，这个人还会保留在你的通讯录中。

Q3，从用户刷新朋友圈到信息流数据显示出来，这一过程的主要设计方案（细节不论）有：

同步内容剔除法，最简单粗暴的 A 设计方案：

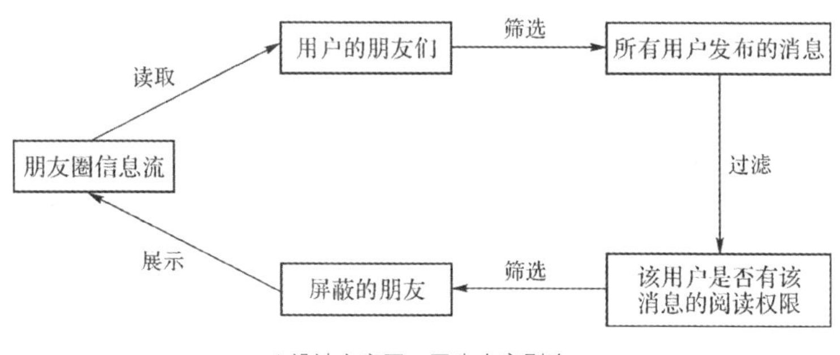

A 设计方案图：同步内容剔除

用户刷新朋友圈时，先读取用户所有朋友的消息数据，然后进行筛选过滤，把不应该展示的数据给依次剔除掉。比如没有查看权限的消息、已经屏蔽了的用户消息。

采用异步内容分配法的 B 设计方案，将大计算量在时间上进行重新分配：

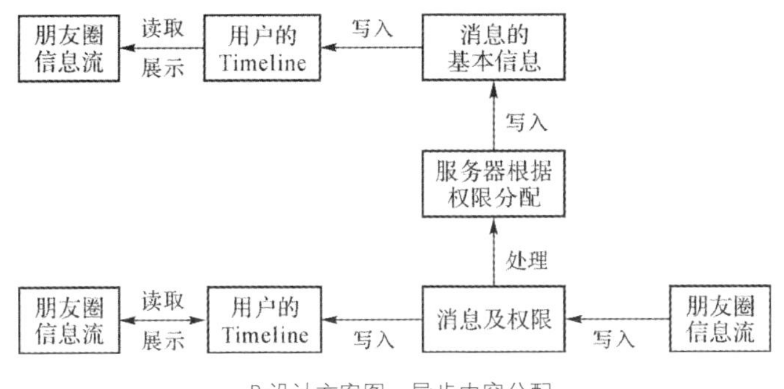

B 设计方案图：异步内容分配

当用户发送消息到服务器时，服务器立即依据好友关系中的“分组标签”，将消息分配给存在标签的用户。不过这时分配的消息是存在每个用户的 Timeline（时间线）中的。这个 Timeline 我们可以理解为每个用户单独拥有的一个准备数据池。然后接收方用户在刷新朋友圈时，直接拉取自己那份 Timeline 中的数据，客户端做一次屏蔽过滤操作，把用户屏蔽掉的消息剔除就可以展示出来了。

B 方案的差异版 C 方案：

与 B 不同的处理方式是：把屏蔽人消息过滤放在最初消息发布时来做，而不是接收端最后来过滤。

Q4：下面来比较一下 A、B、C 三种方案在性能方面存在的差异。

我们知道，微信拥有海量用户，每个用户在任一时刻都可能执行“刷新朋友圈”的动作，这一个小小的动作有着极高的并发量。

按照方案 A，用户每次刷新朋友圈，客户端都要跑到消息池里去找通讯录朋友们的消息，还要对找到的每条消息执行逻辑判断。这种执行效率显然是不能被接受的。

而按照方案 C，在消息发布时如果就考虑屏蔽的人，那就意味着要去读取每个有权限阅读的人的屏蔽人清单，再根据每个人的清单决定是不是放到这个人的 Timeline 中，这种操作显然会增加计算量，降低方案效率。事实上，我们可以通过一个方法来验证 C 方案不是微信的选择：当用户把一位好友屏蔽时，不会看到对方的任何消息，但如果用户在此时取消屏蔽，则立即能够在朋友圈中看到这位好友发布的所有消息（包括屏蔽时间内的消息）。

不过 B 方案也并非十全十美。运用 B 方案意味着朋友圈的消息不能编辑，只能删除。因为权限控制是在发布消息时就确定的，如果增加编辑功能，一旦用户在编辑时调整了阅读权限，就需要将之前写入用户 Timeline 中的数据给删掉重写一遍，成本比较高。不过这一点缺陷在产品侧看来不仅可以接受，还进一步约束和简化了朋友圈的操作。这就是产品需求与技术实现达成的一种共赢。

所以 Q5 的答案来了，我们会认为方案 B 才是微信最终选择的架构方案。

类似的架构设计思路还体现在微信红包和企业微信通讯录同

步的设计方案中。这些架构方案要面对的共同难点是：高并发量、高安全要求。

对微信红包来说，按照 2017 年 1 月 28 日微信公布的数据，除夕收发红包量高达 142 亿个，而收发峰值也达到了每秒 76 万。并且，用户发 100 元的红包绝不能被拆出 101 元；用户发 100 元只被领取 99 元时，剩下的 1 元在 24 小时过期后要精确地退还给发红包用户，不能多也不能少。而对于企业微信，大型企业员工数超 10 万，企业的通讯录架构信息隐私性强且细节多变。所有这些需求场景，都对系统的架构设计提出了巨大挑战。

如何通过精妙的架构设计来应对挑战，确保系统高效率、零故障运行？其主导思路就是我们在拆解问题的方法中提到的任务切割。从时间维度上进行任务切割，把同步变异步，从流量维度上进行任务切割，把洪流变细流。

PRD：需求的转译

关于如何写 PRD（Product Requirement Document，产品需求文档）这件事，我认为自己没什么发言权。

因为在腾讯工作期间，我的 PRD 就写得不怎么样。靠着产品 Sense（感）很强的开发工程师们的包容和支持（感谢 QQ 同步助手团队的伙伴们）——PRD 写得不够细致严谨的地方他们会提醒我，我再补上；就这么磕磕绊绊，才能每次在需求评审时勉强过关。

后来离开腾讯去小型的初创公司，就更没有完整输出过PRD了。而是将主要时间花在了和团队其他成员的沟通讨论以及框架和原型的设计上。那些需要用严谨语言描述的细节，在小团队项目开发中是一种奢侈，时间成本不划算。更多还是依靠成员间的互信配合，以及项目工作流平台的信息备案，快速讨论快速做，遇到问题随时沟通。

以上完全没有否认PRD价值的意思，事实上，有些互联网公司在面试的时候为了节约筛选成本，会要求应聘者发一份自己写的PRD来看。能把PRD写得严谨漂亮，是产品人专业素养的一种体现。只不过就像相对思维里讲的那样，没有人是完美的，有光即有影，各有优势劣势。我自知尚存，明白自己在这方面确实做得不好。

如果容许一个PRD学渣来聊聊自己的看法，我会认为PRD本质上是一种对需求的转译，将需求准确翻译给开发工程师、设计师以及运营和测试团队，尽可能早地消灭团队对需求的任何误解。

在流程规范的大型互联网公司里，团队比较大，成员众多，甚至很多产品有多个产品经理在跟进不同模块，这时候维护一个规范的PRD确是团队节省沟通成本的重要方式。

最后，学渣的模板是不能信任的，所以，在网络上搜一搜，应该有很多更棒的。

第九节　交互与视觉

用户体验的倡导者杰西·詹姆斯·加勒特（Jesse James Garrett）在2002年出版了他的著作《用户体验要素》。在这本书中，他将用户体验分为五个层级——战略层、范围层、结构层、框架层、表现层，并根据任务流和信息流划分了每个层级的工作内容。越往上的体验层级越具象，也越接近最终向用户交付的产品。

在上文中，我们已经谈了很多范围层的问题，现在沿着体验层级再往上一步，来看看位于上面的结构、框架以及表现层的设计。注意，这里谈到的结构和框架都是产品中具象的结构和框架，比如所有产品页面以什么样的方式组织在一起，它们之间如何连接，以及每个页面上要放置哪些内容和功能按钮，它们的位置、大小关系如何，等等。

交互和视觉是无法分割开来的一个整体。交互依赖于视觉呈现效果，视觉又依赖于交互的指引。举个简单的例子，如果一个页面上所有按钮的位置、大小都设计得很合理，但某个重要按钮的颜色没选对，本该使用抢眼的颜色却用了不起眼的颜色，那最终交付的设计方案还是失败的。所以我们看到实际工作中交互设

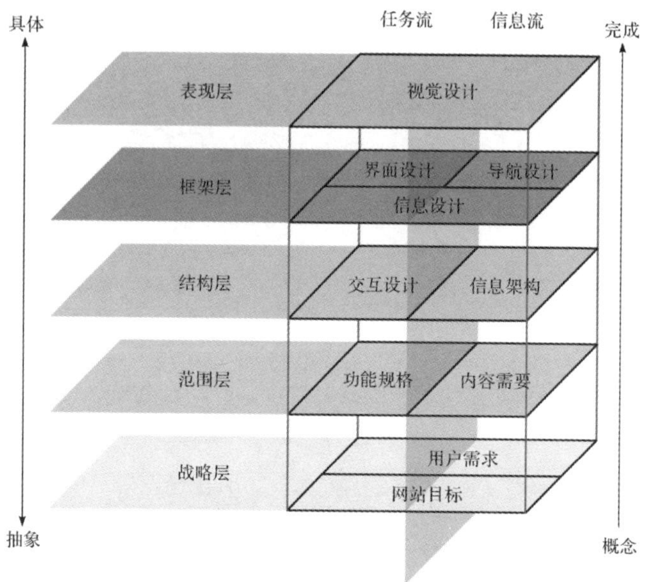

用户体验要素经典框架图

计师（或承担交互设计任务的产品经理）和视觉设计师常常会密切合作，避免两者相互冲突、彼此消减，力求达到“本应如此”的协同状态。

这是一个既残酷又公平的竞技场。因为设计者的所有思量最终到达用户那里，他们只会“用脚投票”，凭自己的直觉做出“好与坏”的判定，并且这个判断时间极短，或许只有短短几秒。

设计就是分类

交互设计工作首先要解决两个基本问题：

☆ 如何组织产品中的页面；

☆ 如何组织页面内的元素。

解决这两个问题的核心方法都是分类。

下面以腾讯 CDC[①] 分享的 Web 端泛娱乐支付方案[②] 为例，一起来看看分类在交互设计中的运用。项目背景是计费平台部要为腾讯及其合作伙伴提供全新且通用的泛娱乐支付解决方案。后台以 SDK 包（软件开发工具包）提供给业务，前端以支付弹窗形式适配所有业务场景。设计目标很明确，就是要优化页面，提升支付效率并统一适配所有业务。

拿到任务后，团队首先分析了改版前存在的主要问题：

---

① 腾讯 CDC，全称“腾讯用户研究与体验设计部（Customer Research & User Experience Design Center）”，2003 年开始组建，正式成立于 2006 年 5 月，是腾讯公司级的设计团队，分布于深圳、北京、成都三地，致力于提升腾讯产品的用户体验，探索互联网生态体验创新。

② 本案例及插图引用自腾讯 CDC 官网，http://cdc.tencent.com/2017/06/01/米大师 web 改版 – 设计总结 /

改版前问题分析图

紧接着要解决如何组织产品页面的问题。这时需要确定的问题有：

☆ 采用不同的支付方式，完成任务分别需要哪几个关键步骤？

☆ 穷举所有步骤后，哪些步骤可以分类聚合到同一个页面？

通过进一步梳理，团队以表格形式列出了主要步骤和页面间的关系。其中，暂时没有考虑异常限制的问题。

支付方式	Q币支付	微信支付	QQ钱包	财付通快捷	网银支付	QQ卡	手机话费	手机充值卡
WEB端步骤	一步			多步				
是否分页	任何时候一页			尺寸足够时一页			必须分页	

分析支付方式步骤与页面的关系图

结合业务特点、弹窗尺寸的限制，进一步分类梳理后，结果如图：

业务	有无子业务	有无前置页	Q币支付	微信支付	QQ钱包	财付通快捷	网银支付	QQ卡	手机话费	手机充
包月服务	有子业务(分TAB)	有介绍页	页	一页	一页	分页	分页	分页	分页	分
		无介绍页	一页	一页	一页	分页	分页	分页	分页	分
	无子业务(无TAB)	无商城页	一页	一页	页	分页	分页	分页	分页	分
		有商城页	一页	一页	一页	一页	一页	一页	分页	分
道具直购	/	无商城页	一页	一页	一页	一页	一页	一页	分页	分
		有商城页	一页	一页	一页	一页	一页	一页	分页	分
游戏币	/	无商城页	一页	一页	一页	一页	一页	一页	分页	分
		有商城页	一页	一页	一页	一页	一页	一页	分页	分

结合限制，穷举所有步骤与页面的关系图

页面逻辑组织完成后，我们再看如何组织页面内元素。一样的方法，先穷举罗列出所有元素，然后将它们归纳、整理、分类聚合就能划分出几个重点功能区域。

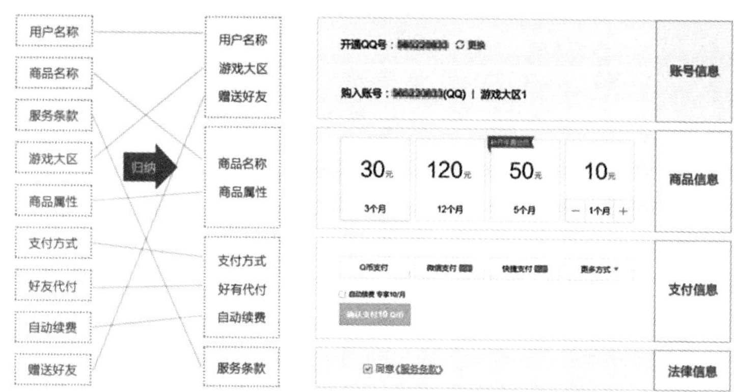

元素分类，得到最佳聚合方案图

这些功能区域的排序必须符合用户习惯。比如在这个案例中，就需要符合用户常规的视觉动线——由上至下进行排序。

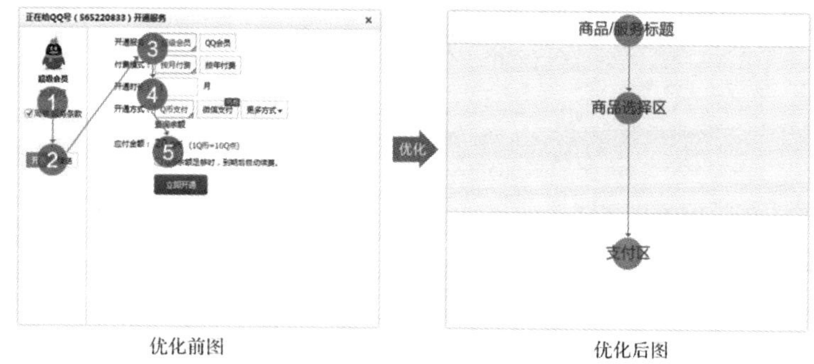

优化前图
优化后图

功能区排序与用户视觉动线统一图

最后，细化所有异常限制性元素，完成页面的最终布局：

组织完后的通用支付解决方案图

从这个案例我们可以看出，交互设计始终聚焦于组织元素的方式，思考它们如何分类、如何聚合。只不过这个组织过程并不是任意的，其中还要重点考虑用户的认知。

我们知道，形容交互做得好，最常见的说法是“别让用户思考”，这就意味着用户在页面与页面间的跳转必须是自然的、富有条理性的。

不过，效率依然是衡量交互优劣的核心指标。在交互逻辑清晰的大前提下，能用三步完成的交互就是比四步完成的要更好。毕竟，用户转化 = 流量 × 步骤数 × 每个步骤的转化率。路径越短也就意味着用户最终的转化率越高。通过观察每个步骤的转化率数据，我们往往能够找出设计在哪一个环节出了问题。重新设计转化率低的环节就能有效改善一个交互路径，提升最终转化。

效率与习惯的平衡，行为与心理的关系，甚至产品传递的心理基调都是交互需要思考的范畴。设计者还将遭遇的挑战包括但不限于这些问题：

☆ 极简的设计方案是怎么做到的？

☆ 如何运用交互体现产品氛围？

☆ 如何把产品做到用户“自然、下意识地就能操作”的程度？

拆解任务才能实现极简

选择太多易引发挫败感。

美国斯沃斯莫尔学院社会心理学教授巴里·施瓦茨（Barry Schwartz）将这种现象称为“选择的悖论”。他提出：更多自由和选择不能带来更大幸福，相反，选择越多，幸福越少。

为证实这点，施瓦茨做了果酱试吃的科学实验。在实验中，他分别摆出 6 款和 24 款果酱给顾客随意试吃和购买。结果发现：两种状况下顾客品尝果酱的数量差不多，但提供 6 款果酱时，购买比例有 30%，而提供 24 款果酱时，购买比例降到了 3%。

在产品设计领域，多选对用户来说同样意味着灾难。同一页面内有多个入口，同一功能有多种实现方式，同一界面有多种展示形态，所有这些都是产品设计中常犯的错误。

当然，很多设计者已经能够意识到“减少选项”的必要。可仅仅意识到是不够的，我们还要进一步去看藏在选择行为背后的东西是什么，选择行为对产品而言意味着什么。

答案其实很简单：时间和行动成本。更高的时间和行动成本会拉低用户对产品的需求。所以很多时候，已经不是选项多或少的问题，而是这个选项是否有必要存在的问题。

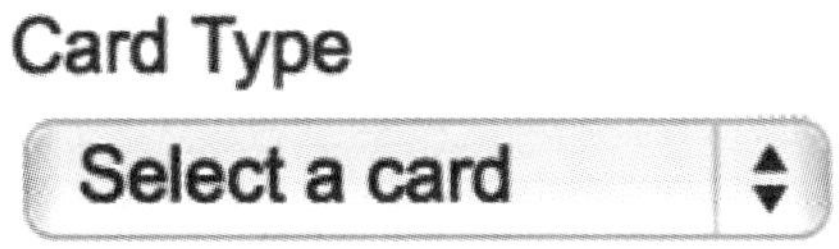

Card Type

Select a card

PayPal 早期多余的流程选项图

上图是一个 PayPal 最初添加信用卡的流程截图，是用户按照流程发生付款行为的一个体验。可为什么要用户自己选择信用卡的类型呢？ Visa 卡是以 4 开头，Mastercard 是 51 或者 55 开头的，在系统设置一个自动识别的功能就能消除这个选项，它完全没有存在的必要。

比这个例子更复杂的问题是这样的：产品某功能确实包含多种类型，这时候怎么做到不给用户选择？比如，一个音乐播放器总要选择存哪些歌在里面吧？一个内容发布按钮总得选择发布的类型吧？

碰到这类问题，试着不要下“不可能”的结论。办法总是有的，比如换一种方式去拆解任务。

乔布斯在设计 iPod 时决定“不提供歌曲管理功能”，和其他音乐播放器不同，iPod 只负责播放音乐。但 iPod 没有这个功能不等于抛弃用户需求。iPod 只是把这个功能从内部拆解出来，转交给电脑上的 iTunes 去承担。通过这种拆解和转移，iPod 最大限度简化了自身的交互方式，实现了产品极简。

同样的，微信团队也运用拆解的思路设计了微信朋友圈的发布按钮——一个不必选择类型的发布按钮。用户轻触“相机”按钮，只触发唯一的操作：发照片（视频）。朋友圈文字、链接、音乐的发布方式则被拆解和转移了。

如何拆解？还是老办法，多问几个为什么。

Q1：自然的状态下，我们为什么会想要分享一首歌或一篇文章？

A1：被歌曲或文字触动，产生分享的念头。

Q2：那是先有“分享的念头”还是先有“被音乐和文

字触动的感觉”？

A2：先有被触动的感觉。

Q3：一般什么时候会产生这种触动的感觉?

A3：正在听歌或正在看文章的过程中。

通过一番追问，我们可以看到，音乐和文章都是被分享的目标物。主动在社交媒体中搜索再分享出来的设计，不符合人们自然的分享逻辑，鼓励真实情感的产品不会允许这种刻意却不自然的设计。

这样就还剩下一种类型：纯文字内容。微信把它转移给“长按”操作去承担，用不同的行为模式将图片与文字类型区分开来。

如何打造“下意识”交互

唐纳德·诺曼（Donald Norman）在他的《设计心理学》一书中一针见血地指出了产品可用性设计的四大要素：预设用途、限制因素、匹配和反馈。他提道，“预设用途显示操作方法可能的范围，限制因素则会缩小这一范围”。简单来讲，预设用途用来提示和引导操作，限制因素用来规避错误。预设用途让用户感觉“这条路是对的”，限制因素则在错误的路径上摆好了封路牌。

好的交互设计能让用户下意识知道如何使用一个产品。这种下意识在诺曼看来是一种模式匹配的过程。我认为它至少包含了两个重点：

> ☆ 动作与反馈间有固定的匹配关系，天然互斥最好；
>
> ☆ 产品模块和潜意识间有自然的匹配关系。

体现第一点的简单例子是汽车的“油门 + 刹车”组合。油门和刹车都在驾驶者的右下方，右脚不是踩油门就是踩刹车，左右踏板形成了一种互斥的、非此即彼的关系。这样的设计极大规避了用户的误踩踏。试想如果把刹车交由左脚负责，看起来两只脚各管一个更轻松自由，可紧急情况下难免弄错匹配关系而造成灾难。

又比如，微信语音会话的按钮操作方式是“按住”说话，而不是“按一下”说话。按住和释放，构成了一对互斥的动作，而“按一下”和“再按一下”则没什么不同，用户无法判断相似的两个动作分别代表什么，甚至会忘记上一次执行这个动作是讲话还是停止讲话。

不过设计时还是要回归产品本身的特质，具体问题具体分析。比如，微信的语音会话按钮选择“按住”说话的交互，而 Instagram（照片墙）里拍摄视频的按钮则选择“按一下”拍摄而非“按住”。其中的关键区别就在于，人们拍摄视频的操作对象是视频画面，注意力焦点全都集中在手机画面上，对进程意识强烈，非常清楚什么时候该执行结束操作；而语音会话时则不然，很少有人会自始至终盯着手机进度讲话，这时利用动作的限制因素就显得特别重要。

体现第二点的有趣案例来自我们都很熟悉的微信朋友圈入口位置设置。

不止一次听到有人问：朋友圈为什么要放在“发现”页卡的第一项，而非独自占据整个页卡？如果按用户使用频率判断，朋友圈显然值得一个页卡的分量。另一方面似乎也能为用户节省每次进入的那一次点击。至于“发现”页卡下的其他项目，总可以找到其他的安置位置。

在给出可能的解释前，让我们先来看一个用户调研时遇到的真实案例：请问，在下面两种环境中，哪一种用来做焦点小组访谈可以获得更好的效果？

咖啡厅与会议室环境比较图

没错，是咖啡厅。从心理学角度看，空气中飘荡的咖啡香和轻音乐有助于用户卸下自己的防御意识，进而充分自如地表达自己。秩序井然的大会议室则给人冷静、严肃的感觉，用户很容易将它和“谈判”“正式场合”等词语联系到一起，从而谨慎对待自己将要谈论的话题。

上面这个例子说明，环境和氛围对人们潜意识层影响巨大。

现在回过头来再看看微信朋友圈的例子，试着比较一下两种方案，你的感受是什么？

朋友圈 Timeline 页放到页卡 3 展示 VS 现在的微信发现页比较图

好的产品会仔细区分不同模块的氛围差异，将它们和用户的潜意识联系在一起，建立起自然匹配的关系。

在微信里，这个精心营造的主环境是点对点同步沟通环境，它的标志是实时和高效。朋友圈信息流则是另一个环境场，一个异步沟通的空间。它所展示的内容丰富，但节奏比即时沟通更慢。我们一面阅读朋友们的动态，一面想着分享一点什么。用户完全有权选择要不要走过刚才热热闹闹聊天的主客厅，通过一条走廊、推门进入一个慢环境之中。即使那是一个很多人都喜欢进入的房间，但假如它没有门、没有过渡的走廊，用户对产品的整体感受会发生混乱。环境复杂、主次不清的产品无法在用户心智上长久驻留，反而易引发认知压力。当然，这只是一种可能的看法。

最后，打造下意识交互还有一个简单的小技巧——适当运用动效。

比如微信雷达加朋友时，圈状扫描的动效让人直接联想到雷达扫描，从而很快理解这个功能的用途。“摇一摇”最初发布时也做了一个小动效，那个拿着手机的手最初是晃动的，直到用户熟悉后，后面的版本才改为了静态图片。再比如腾讯手机管家中用于快速内存清理的小火箭动画，也是一例。

不一样的侧边栏设计：表面相似，本质不同

在交互设计中，我们需要充分运用自己的抽象思维，去理解不同设计形态之间的微妙区别，尤其是那些表面相似但本质完全不同的形态。

比如，曾经被Facebook和Path[1]采用过的侧边栏设计（也称抽屉式导航）。这种导航方式至今仍被不少应用采纳，不过如果细心留意，我们会发现：同样是侧边栏，不同的跳转规则决定了不同导航页间的关系。

比如，在QQ和网易云音乐（Android版）中，侧边栏的操作路径按照“展开—进入切换页—返回—主页”的方式，主页的权重明显高于其他页面，像一个常驻的客厅。

而在星巴克和旧版Facebook中，侧边栏的操作路径按照“展开—进入切换页—再展开—进入另一个切换页”的方式，主页的权重和其他页面相同，像多个房间中的一间。

两种交互方式的差别如下图所示。前面这种交互适用于收纳使用频次较低的项目；而后面这种交互方式则不推荐。页面关系过于平等，意味着增多选项，将明显降低操作效率和易用性。事实上，Facebook也及时舍弃了这种交互形态。

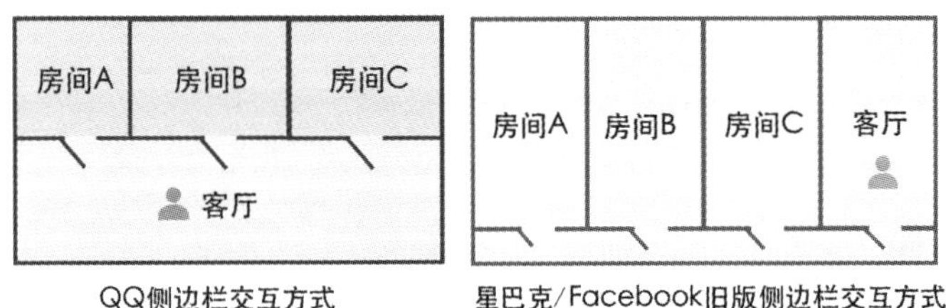

QQ与星巴克/Facebook交互方式差别图

---

① Path是Facebook前高管创建的简单并且秘密的社交应用。

视觉：对关系和情感的探索

在产品设计实践中，存在着一些对视觉设计的误解。比如认为产品在外包装上、视觉设计上投入越多，产品最终效果越好；又或者产品的视觉设计方案一定要显眼和特别，不能泯然众人等等。这并不是说隆重的包装和特别的视觉设计一定是错的，但刻意追求与众不同显然违背了视觉设计的本意。

视觉位于表现层，它永远是产品策略的一部分，必须和产品的需求、当下所处的战略阶段、交互表现形式等保持一致，增益它们而非减损它们。为视觉而视觉，为自认为的“美”而设计反而有可能给产品带来灾难。

但是审美志趣千人千面，我们究竟该在视觉设计中做些什么？腾讯 QQ2010 版视觉设计的探索历程给这个问题带来了一个经典的启示。

最初项目预设的主题是“多样化满足用户需求，自由自在地使用 QQ”，为了让这一版本的页面能够给用户带来个性化体验，腾讯的视觉设计师不断在保持和超越习惯间反复尝试，在用户习惯使用的界面风格之外另行设计了两个风格。但是很快，团队发现这条路压根儿行不通，多样变幻的界面让用户感到压力，个性化诉求变成了一种情感上的负担。团队这才发现，用户在使用 QQ 的时候，个性并不是最本真、最底层的愿望，可靠才是他们情感上的愿景。

于是很快的，设计师们将界面主色调回了最初默认的蓝色，并在此基础上进行优化创新。团队首次明确地提出了 QQ 的设计愿景——希望给用户提供一个朴素的容器，一个既可靠又兼容个性化的容器，用户在这个容器里可以自由展现他们的个性化需求。用 Tencent CDC 设计师的话来说，就是“我们不能用自身既定的思维去限定或者认定用户的审美倾向，要做的仅仅是去提供用户能投入自身情感的有效的、便捷的途径”。

Tencent CDC 界面图：QQ2010

“做用户情感容器”的设计理念正是一种“以人为本”的理念，其视角纵横开阔，不再拘泥于产品本身，而是凌空俯瞰人（使用者）与物（产品）之间的关系。从某种意义上讲，视觉设计与前面产品方案设计的底层思路是相通的。视觉表达只是手段，通过不同手段探索人与物建立连接的可能、形态，并兼容变化。

日本著名设计师原研哉对此也有类似的看法，他认为：“在这个时代中，设计的使命不再是激起人们购买自己不需要的物品的欲望，而是应当去提出一种‘社会共同的伦理’，其今后面临的课题，也‘并非在于如何生产吸引人的产品，而是在于如何重新树立一种让人们能感受到物品吸引人之处的生活方式’……理想的设计，它的对象不是物品，而是人与人之间的关系。”①

重要的永远是关系。不只是“人与产品”的关系，设计还应体现“人—产品—社会—环境”之间的关系。事实上QQ2010对环境因素已经有了初步探索，但受制于当时的技术成熟度，没能运用动效形成深度整合。直至QQ2013，我们终于看到设计师们对关系的深度拓展。QQ2013版本将自然、时间的维度巧妙地融合到了产品细节之中。

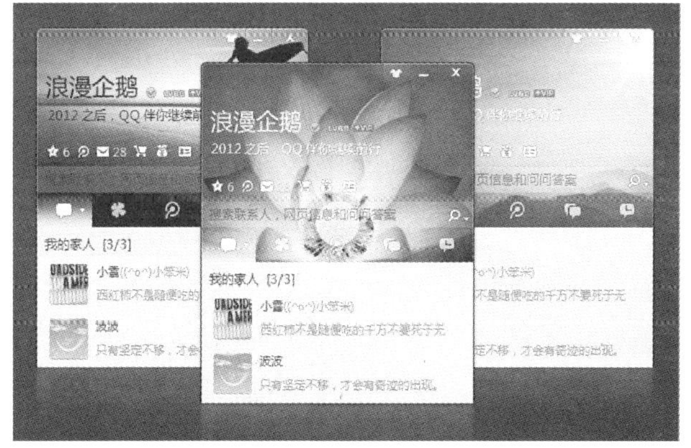

Tencent CDC：QQ2013界面

① 三浦展：《第四消费时代》，东方出版社2014年版，第130页。

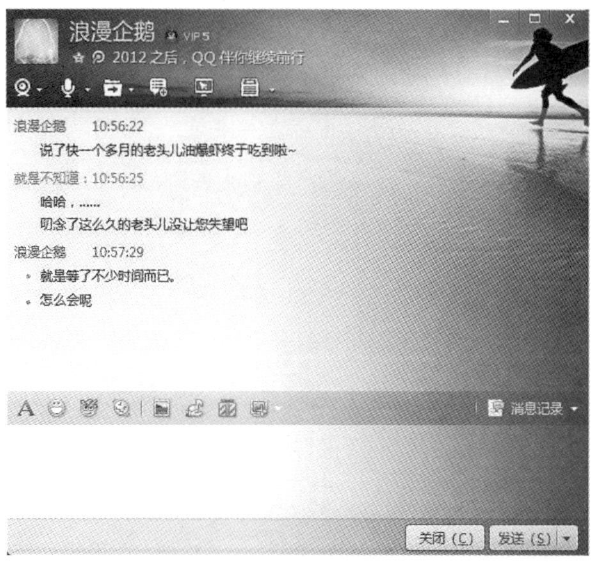

Tencent CDC: QQ2013 消息会话图

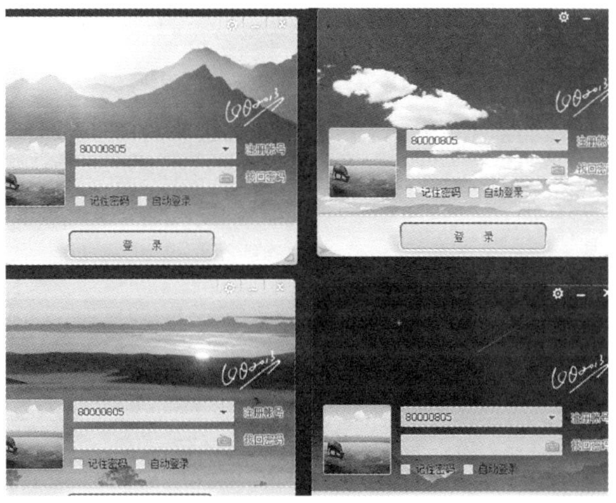

Tencent CDC: QQ2013 登录框图

比如，QQ 面板会根据用户当时当地的天气状况发生变化，登录页也会根据登录时间的不同显示出不同状态。

对关系的探索不止于此。收回宏观视角，回到更具体的细节，设计师仍需面对“什么地方用什么颜色”“字体大小和样式如何确定”的问题。事实上这也是关系的问题，认真思考页面中各元素之间的关系，我们就能找到答案。

携程首页图和去哪儿首页图

例如，携程与去哪儿的首页乍一看设计得并不美观，但实际上非常符合其产品的目标：让用户高效地找到自己想要的服务。通常用户对旅行项目的个性化组合需求强烈，因此会分开预订机票、车船票、住宿、门票等，这就决定了预定行为是分散的，连续性不强。要将众多呈现点状分布的需求有机组合到一起，分类就变得异常重要。

颜色就是最直观的分类工具，大面积运用色块可以有效提升用户识别度。想象一下携程和去哪儿网首页如果没用色块区分，仅仅使用文字和 icon 组合，用户要找到自己需要的服务将有多么费劲?

微信深谙此道。在设计收付款页面时，微信团队将收款页底色设定为黄色，付款页底色则设定为绿色，有效区分了两种截然不同的货币流转类型。更有趣的是，在中国的文化语境中，绿色除了广义上代表清新、自然外，在货币交易领域中常意味着损失金钱，比如股市会以绿色示意股票的下跌。

微信的收付款页面

美国圣约瑟夫大学豪布（Haub）商学院营销学教授、消费者研究中心主任迈克尔.R.所罗门（Michael R.Solomon）对消费者行为颇有研究。他在《消费者行为学》一书中这样总结："有证据表明，有些颜色（尤其是红色）能令人产生被唤醒的感觉并刺激食欲，而有些颜色（比如蓝色）则令人放松。"美国运通公司研究发现，人们把蓝色形容为"带来一种无限和宁静的感觉"，因此推出蓝色的信用卡。腾讯视频的logo标识以播放键为视觉载体，特意选用了红、绿、蓝三原色，意为可组合出任意色彩，造型像一条五彩缤纷的热带鱼，综合寓意是方便快捷的观看体验和自由丰富的选择。

除了探索关系，设计更需要了解生活、理解人性，触摸人类内心深处共有的情感。

日本当代陶艺大师小野哲平在描述他的创作感受时谈道：

> 不是被触摸，被观赏，而是靠感受。
> 若要说感受什么，
> 那可能是我，可能是你，这才是最重要的。
> 做饭，洗衣服，打扫房间，和孩子在一起，
> 用过日子的态度，去做东西。[①]

① 赤木明登：《美物抵心》，湖南美术出版社2016年版，第11页。

一位禅寺的僧人看到这段文字后，表示“这话了不得”。“用过日子的态度去做东西”，多么意味深长的一句话。我们谁会在过日子的时候，穿上最华丽的服装，戴上我们最喜欢的科技产品，开上我们最好的车……有人会那样做吗？那不是生活本来的模样。

生活本来的模样就是你熟悉的样子。比如，微信红包的视觉设计，用的就是中国人最熟悉的红包，文字导引也是中国人传统的祝福语句。心理学上有个概念叫familiarity bias（熟悉度偏见），说的是人们倾向于相信自己熟悉的东西。熟悉能产生信任，不熟悉产生疑虑。有研究者认为，微信红包是将心理学“熟悉的偏见”用得最成功的案例之一。

设计总在陌生和熟悉间寻找平衡，一点新，一点旧。这也解释了为什么很多新产品都用人们日常生活中熟悉的场景来设计。优秀的设计师喜欢捕捉生活中所有熟悉和陌生的细节，他们能从中发现人性的秘密所在。

可看见是一回事，如何运用又是另一回事，这取决于设计者有着怎样的设计价值观。

管理学大师大前研一曾说过，如果一家企业的管理者请他去解决问题却说要解决的问题不止一个，那他从来都是直接回绝。因为问题只有一个，现象才是多个。同样的，人的外部行为多种多样，但隐匿在背后的内在逻辑往往只有简单的几种。好的设计会理解并拥抱它们，而非刻意评断。尊重真实，尊重人性，并在此基础上守护人们内心最重要的那几样东西，所谓设计的真意不过如此吧。

原型设计：工具无法替代思考

产品初学者刚开始画交互时常会陷入一个误区，容易把一些浮于表象的东西视作产品品位与格调的体现。这些东西包括但不限于高保真的原型图或动效、酷炫新奇的手势操作、精美的应用启动画面、优雅简约的背景图等。

这并不是说能画一手好原型、能做出酷炫的动效不好。这些技能是我们的一个加分项，也是为产品锦上添花的东西。可残酷的事实是，当产品在战略需求层、规则框架层、流程方案层的总分还没能达到一定水平线时，产品根本连“锦”都不是，在上面添“花”也变得毫无意义。

更可怕的问题在于：我们在某项工具技能上投入的时间越多，往往就越容易依赖它、无法否认它。这不是某个人的问题，而是人性共同的弱点。它让我们慢慢形成一种错觉：只要我还在画图，还在持续不断地输出，那么对产品来说就是好的，我所做的一切就是在创造和输出价值。

可事实真是这样的吗？

当我们沉迷于原型图的细节，不断修改打磨时，不妨停下来问问自己：它们真有那么重要？同样的时间成本，我可不可以用来做点更重要的事，能在产品前几个层级拿分的事？

骨骼没有验证之前，绝不能一头栽进雕琢细节的工作里。在“天天爱消除”游戏项目中，天美艺游工作室的美术负责人Vivi就本着这样的设计理念创造了“暴力拼图法”。它指的是：“当不知一个想法是否靠谱时，不管是否美观，就去将所有的要素用参考图拼出一张图，用图形去拼想法。制作人和策划员工都有很好的美术素养，完全可以通过拼图感受到最终的效果，这就有了最早的验证，再通过不断交互实现持续优化。拼图成本非常低，更重要的是实现快速验证。效果不好，立即放弃。而不是像之前一样，一定将所有的效果都做出来，然后再去测试，浪费大量的时间和成本。”①

细枝末节的优雅无法代表一个产品的格调，真正的优雅体现在产品解决问题的方案上。

事实上，我们也看到产品原型设计工具不断地进化。在互联网创业浪潮助推之下，原型设计成了一件门槛越来越低的事。从最早用Viso、Axure画交互，到能轻松画出高保真原型的Sketch，再到2017年年初上线，拖拽控件就能生成原型的xiaopiu.com。设计工具的进化，一方面节省了我们的时间——不用再在画图上耗费过多的精力，一方面将更多人拉到同一起跑线上，倒逼我们去思考更重要的问题。

① 潘东燕，王晓明：《腾讯方法：一个市值1500亿美元公司的产品真经》，机械工业出版社2014年版，第77页。

第四章

产品成长与运营

在前文中，我们介绍了包含需求、用研、策划、开发、交互视觉在内的设计思考全过程。不过直到这里，经历上述环节的产品还只是一个小小的胚胎。我们还遗漏了一系列决定产品生死的重要环节，它们包括：

如何在项目开发过程中管理好人、事、物，以确保新产品如期诞生？

如何用数据分析的方法验证产品每一节点的决策是否正确？没有衡量就没有判断，失去判断力的产品无法存活。

一个产品开发出来后如何才能获取流量，让它触及用户、让用户乐于接受产品？

每个产品都有属于它的生命周期，在不同阶段有着不同的目标和任务，也拥有不同的用户量级。如何思考和把握产品不同阶段的运营方式，助力产品从 0 到 1、从 1 到 N 不断成长？

如何打造一个产品的品牌？

在本章里，我们将继续为你拆解上面这些内容。

在类似腾讯的大型互联网公司里，上面提到的工作一般会有专业的团队成员与产品经理协作完成；但在初创型小团队中，一个产品设计者只有身兼数职才能笃定地把控产品方向，带领产品跨越沟壑、走向光明。本章也试图为这样的创业者们提供一些帮助。

第一节　开发迭代

在产品开发过程中，项目团队常会面对一系列问题。它们包括但不限于：

☆ 产品不能如期交付，开发成本过高；项目后期实现的东西远未达到设计预期的效果；

☆ 团队成员沟通不畅、无法很好地合作，团队信息不透明，人力与时间调配混乱，某些成员忙的时候忙死，闲的时候闲死；

☆ 成员不知道自己的任务最终要实现什么功能、达到什么样的交付水平；策划、开发、UI、运营等不同成员对产品的理解各不相同；

☆ 团队纠缠于低优先级的任务，导致最重要的事没做，用户流失严重；

☆ 产品需求频繁变更，导致项目发布时间严重滞后。

所有这些问题表面看各不相干，本质上都是由目标和风险管理不当所导致的。

在产品项目立项前，产品项目负责人应仔细思考的问题是：项目有多少资源？要达到什么样的目标？人和物的资源成本投入和目标是否匹配？经过详细思考和评估后，一旦确认资源并立项，最重要的任务就是统一团队目标。

统一团队目标包含两个层面的意思：一是提出明确的项目目标，二是确保团队每个成员心中的产品愿景高度一致，能紧密围绕目标作战。

明确的项目目标通常是一个可量化的数据指标，它包括数据效果和完成时间。比如“日活跃用户在某个时限前达到某个量级”。有了明确的效果和时限指标，团队在遇到问题时就能根据目标向下拆解，明确事情的优先级，将那些有助于达成目标的事放在更重要的位置上。

不过仅有数据指标是不够的，项目目标最好能指向一个明确的产品愿景。愿景通常代表产品的品质要求，它保证团队不会因盲目追求数据指标而选用杀鸡取卵的短视策略。比如腾讯“天天系列”手游在启动项目时就明确提出“日活跃达到千万量级”的数据指标。但同时，作为打响腾讯移动游戏“第一枪”的项目，它的产品愿景则是必须达到“世界级水准”。

第二点要求每个团队成员都能紧密围绕目标作战。这个要求听起来容易，实际要做到难度较大。如果在一个项目团队里，用研是用研团队的事，需求和策划方案是产品经理的事，技术架构方案是开发工程师的事，交互 UI 是交互视觉设计师的事，测试用例是测试工程师和 QA（质量控制）的事，运营活动方案是运营经理的事——那这个团队肯定没能围绕目标作战。一旦项目出现问题，成员间必然会相互推诿，都认为问题出在别的环节上。凡有项目开发经验的人都知道，项目过程总伴随着各种问题，完全不出问题、产品还大获成功的“完美项目”根本不存在。更重要的是，如果团队成员无法从宏观、整体的角度去思考自己所负责的模块，必将引发内部的设计冲突。因为很多问题从单模块视角出发得出的结论与整体视角出发得出的完全相反。

围绕目标作战的项目成员不会像这样各自为战，相反的，他们就像一个命运共同体，每个成员都有站在产品总负责人位置思考问题的习惯和行为表现。任务被团队分解，但目标依旧完整。在这样的团队里没有“我的想法”，只有更棒的想法，没有立场，只有理性判断。他们也会就某个问题展开激烈辩论，但那只是为了追求“更好的方案”，而不是为了捍卫自己的观点。这样的团队里也没有“你的问题”，只有“项目共同的问题”，成员间彼此认可和信赖。他们相信各自能做好分内的事情，但也会在某环节遭遇瓶颈时积极贡献自己的力量，一起想办法解决问题。当内部模块间发生冲突时，他们也能及时跳出自己的角色去讨论，运用相对思维更全面地审视问题。

不过很多时候团队成员目标不统一，问题根源并不在团队成员身上，而是由于产品项目负责人没能在团队内部建立起透明、合理的项目机制。腾讯内部常采用下面几种项目管理方法统一团队目标，提升团队战斗力：

对外透明度管理：干系人沟通汇报机制

团队由人组成，人与人的关系是项目推进过程中不容忽视的重要因素。除了项目主要参与者外，还有很多相关人因素影响着项目成败。在项目立项初期明确干系人、分析其权益关系并设立有效的沟通汇报机制，将大幅提升项目对外的透明度。

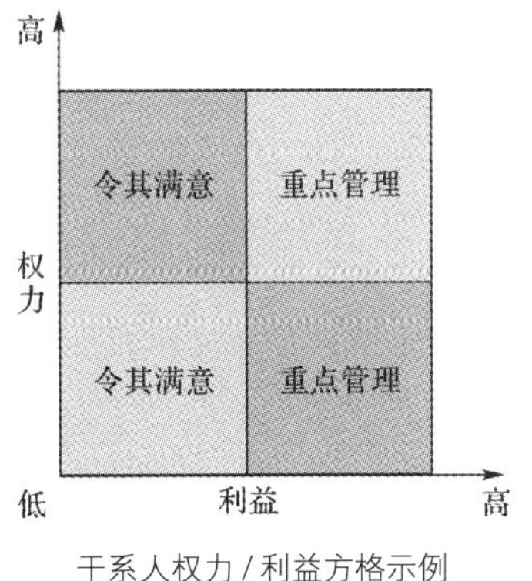

干系人权力 / 利益方格示例

注：图片来自腾讯项目管理课程“项目管理，让自己更从容”

明确干系人时，我们可以参考宝洁的方法论，找出项目的“PACE”：

P 是 Participant（参与者）；

A 是 Approver（审批者）；

C 是 Consultant（顾问）；

E 是 Executor（执行者）。

不同干系人有不同的底层需求，在项目沟通时我们要尽量做到公开透明，让所有人了解项目全貌。尤其在一些跨部门甚至跨公司协作的项目中，因为有外部合作商或合作伙伴参与，对接和沟通机制就显得更为重要。项目管理者主动进行阶段性汇报，可以让重要干系人掌控项目进度，对项目放心。

对内透明度管理：故事墙与站立式晨会

团队成员如果不知道彼此正在做些什么，不知道自己做的事将对其他人产生什么样的影响，也不知道整个项目的具体进展，所谓“围绕目标作战”自然也就无从谈起。故事墙和站立式晨会就是确保团队信息透明共享的有效方式。

故事墙一般会利用团队办公位置附近的白板或玻璃墙面展示，整个墙面分为“Ready（计划）—Play（开发）—Test（测试）—Done（完成）”四栏。不同角色的成员可以将自己的任务需求用同种颜色的贴纸贴到墙面对应区域中，并且由上至下按优先级高低排列。这样对应区域的成员就知道哪些任务是自己当前必须处理的，它们的优先级情况如何，非常直观。当区域责任人完成当前任务后，他可将贴纸下移到后一个区域。例如策划提交了一个需求贴纸，开发完成后可以把贴纸移动到测试区，负责的测试成员就会启动测试工作。而如果想知道项目当前的状况，所有成员只需看看故事墙即可，任务类型、流转与阻滞情况统统一览无余。

除了利用实体墙面展示故事墙外，腾讯还在其线上项目管理平台 TAPD[①] 中加入了“故事墙”管理流程。如图所示，项目配图来自我 QQ 秀的老同事 Blues（兰军），他的创业项目“梅沙科技户外营地教育平台”目前使用的项目管理工具就是腾讯 TAPD 平台（本节内容中以下所有项目截图均由 Blues 提供）。

“故事墙”管理流程图

① 腾讯内部项目管理平台 TAPD 已于 2017 年正式对外开放使用，很多原腾讯产品人都利用它来管理项目开发进程。

站立式晨会是另一个确保项目信息透明顺畅的方式。它要求每天早晨启动工作前，团队成员聚在一起开个简短的碰头会，每个人说说昨天的工作完成情况和今天计划完成的工作任务。因为是站着轮流说，大家的关注度和效率都很高，完成昨日计划任务的很有成就感，没能完成的成员则会很难受，无形中凝聚力就起来了。站立式晨会还有利于不熟悉的团队成员间相互了解，鼓励大家发生问题时及时碰头沟通解决。

目标管理机制：OKRs

明确项目目标后，团队通过什么样的制度规则来控制和分解目标？又以何标准来衡量目标的达成情况呢？OKRs（Objectives and Key Results）就是由此应运而生的目标管理机制。OKRs意为目标和关键结果，它最初源于管理大师彼得·德鲁克（Peter Drucker）的目标管理(MBO)理论，后经由Intel发起，在Google使用后被推广开，近两年来广受青睐。

运用OKRs，我们可以将项目总目标层层分解到各个小团队，再从团队分解到个人，这样目标得到了由上至下的分解和贯彻；再通过所有成员由下至上层层保证来确保目标的最终达成。

与KPI相比，OKRs的透明化程度更高，能让项目成员清楚地看到自己在项目中的位置以及对项目总目标的贡献。并且，在层层分解目标的过程中，项目成员还能了解到“什么事是对项目更重要的事”，进而做出更精准的优先级判断。在制定流程上，OKRs 通常由成员和直属上级共同制定，这样项目期间如果遭遇竞争环境变化等异常状况，目标也能及时得到反馈和调整。最终项目团队会根据关键事件来评估目标的达成情况，而不是根据僵化不变的数字指标做出判断。

具体到目标分解的层面，可以运用甘特图有效平衡和控制最终质量。我们知道，项目最终的产品质量受到三个重要边界的限制：时间、成本和范围。

如下图所示，通过对人、时间、任务的分解——WBS（Work Breakdown Structure，工作分解结构），项目任务被拆解成小的任务模块，并且每个任务模块只对应唯一的责任人，方便项目管理者监控。

不过值得注意的是，目标任务的分解不仅要尽可能细，还需要尽可能全面、合理。

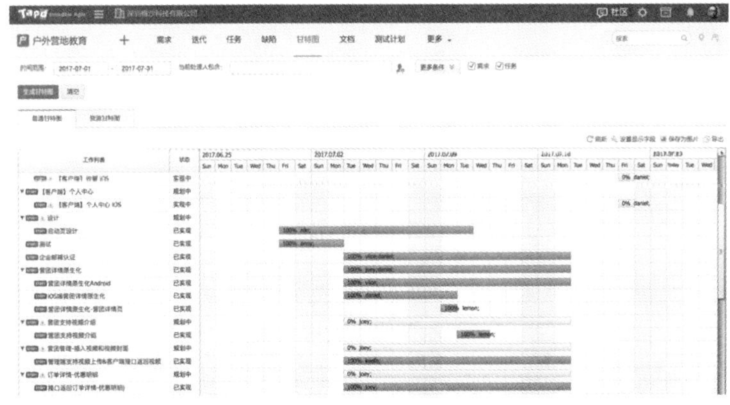

甘特图

首先，任务必须被100%拆解，也就是说所有子模块反向加总要等于全部项目工作。举例来说，如果被分解的任务是一个大型活动，分解时可以面向阶段分解成活动前、活动中和活动后，再进一步分解每个阶段的细节工作。其次，由于不同子模块间存在潜在的逻辑依赖关系，如何识别和安排关键路径就变得异常重要。

比如我们可以看一个例子：

> 4个人夜里要过一座独木桥，桥只能容2个人同时通过。过桥必须用手电筒才能保证安全，可4个人只有1只手电筒。如果他们各自独自过桥，需要的时间分别是1、2、5、10分钟，如果2个人同时过桥，则需要迁就更慢的那个人的时间。

如果把过桥视为项目目标，将用时5分钟和10分钟的人安排到一起过桥就能大大节省整个项目时间，使得最快方案在17分钟内达成。从这个简单的例子可以看出，如何分配安排任务将影响到项目完成的时间。

目标激励："日稳定版本"机制

"日稳定版本"机制是指每天项目各平台（iOS / Android）必须产出一个稳定版本供团队成员随时下载体验。"稳定版本"

的定义是指没有严重 bug（漏洞）、产品所有基本流程可以跑通、不妨碍体验的版本，允许小 bug 和部分不完善功能存在。

这个规定相当于把长期的项目目标拆分成了以天为单位的子目标，实现日清。以每天的日稳定版本为终点，团队的战斗力将得到最大限度的激发。刚开始实行这个机制时，很可能团队成员都会觉得麻烦，或感觉它是不可能完成的任务。但人的潜力往往超出自身想象，长此以往形成习惯后，团队成员的战斗力将获得大幅提升，并且还会逐渐享受这种日事日毕的成就感。

项目风险管理：需求变更的必然性？

在实际的产品设计开发过程中，由于最佳解决方案的出现时机并不总是可控，需求变更的发生往往不可避免。假如项目管理者把需求变更视为恶瘤，欲除之而后快，最终扼杀的往往是“产品更好的可能”。

其实需求变更和项目质量一样，属于项目综合平衡、管理的要素之一。某种程度上，我们甚至可以把需求变更看作项目质量优化的一个子类型。正如质量不可能不计成本地提升一样，需求变更也不可能罔顾时限、不断更改。这时，将需要变更的需求按优先级排列管理起来，根据项目开发进度阶段性满足，将是更为明智的选择。

需求管理图

第二节　抓住运营的本质

有一种看法认为，好的产品策略等同于无形的产品壁垒。如果产品定位选得巧妙，产品就能抢得先机进入蓝海市场，其先发优势就是产品的壁垒。但事实上，好的策略只是一个起跑点，方向确定后，正确做事以实现策略才是建立壁垒的关键。长期来看，产品运营能力本质上才是一个产品的护城河。我们能在运营执行过程中创造多大价值，就能为产品构筑多高的壁垒。

如果把运营策略作为运营执行的目标，接下来的问题就变成了：

☆ 如何将策略正确转化成可执行的运营方案？

☆ 运营中不变的要素是什么？我们如何拆解运营问题？

精细化运营的核心模式

产品运营工作的核心模型在业内其实已有一个基本的、形象化的共识——蓄水池。想想是不是这样？如果把产品看作一个大池子，用户就是池中水。一方面，我们希望有源源不断的新用户涌入池中，另一方面希望尽可能留住原本池中的老用户，让池中保有的总用户量越来越多。

所以如果简单概括，产品运营的核心工作就是聚焦产品的开源节流。具体到操作层面，开源就等于我们熟悉的拉新和促活跃，而节流则对应着防止用户流失（留存）和挽回用户流失（回流）。从宏观上看，传统的互联网运营都会聚焦于这四个维度的数据去分析一个产品的健康程度。

但随着产品运营逐步向精细化运营过渡，更多专业的运营者开始反思只关注这四个数据的局限性。他们开始意识到：用户并非毫无感情的水分子，传统的拉新、促活、留存和回流数据只是用户健康度最表层的反馈。而从用户接触产品的全流程去看，产品运营中不变的要素只有两个——流量和转化率。一个更完整的精细化运营模型浮出水面，它就是由用户行为深度出发构建的“AARRR”转化漏斗模型。

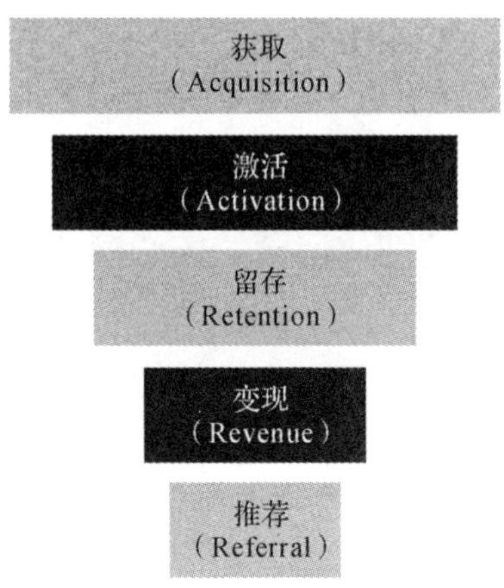

AARRR 转化漏斗模型图

AARRR 模型包含了五个由浅入深的层次，体现了用户和产品间建立深度关系的行为过程。五个层级分别是：用户获取（Acquisition）、用户激活（Activation）、用户留存（Retention）、用户变现（Revenue）、用户主动推荐（Referral）。一般来说，用户在每一个层级都会有或多或少的流失，不可能全部转化到下一层级，所以它看起来像一个倒置的漏斗。

	运营		感情
Acquisition	获取	How do users find you?	吸引力
Activation	激活	Do users have a great first experienc?	注意力
Retention	留存	Do users come back?	安全感
Revenue	变现	How do you make money?	付出
Referral	推荐	Do users tell others?	共同体

AARRR 行为深度 VS 感情深度对比图

如图所示，为了帮助理解，我们将这五个层级与感情深度的层级一一对应。从本质上讲，理解 AARRR 模型和理解感情关系的建立非常相似——没错，好产品可以和它的用户谈恋爱。

最浅层的关系是用户获取，它对应感情关系的接触期，这时产品的吸引力至关重要。在运营手段上，集中体现在内容、渠道和包装三大方面。渠道帮助产品获取接触的机会，内容必须与渠道相匹配，让用户对产品形成初步认知，而包装则吸引和促使用户与产品发生首次接触。对应互联网产品，一般获取阶段是指用户愿意下载和体验产品。

进一步的关系是用户激活，它对应感情关系中的注意力获取期，这时产品需要让用户在接触时获得良好反馈，也就是让用户对产品感兴趣、能够记住你。用户激活的运营手段多种多样，需要根据产品自身特性来展开。最常见的是引导用户完成一些简单的任务。比如，游戏类产品通常会用新手任务形式来激活用户，无论是《天天爱消除》《天天飞车》还是《王者荣耀》，不同类型的游戏都会设计新手引导模块。而工具类应用则常常指引用户去解决一个自己的具体问题。

更近一步的关系是用户留存，对应感情关系中的安全期。产品希望用户能够留下来，持续使用产品，而不是一时兴起然后删除离场。实际上某些产品在初期的策略定位已经决定了有多少用户可以转化到这一阶段。例如曾经火爆一时的《你画我猜》或朋友圈小游戏《神经猫》等，由于产品本身的玩法和丰富性设计不足，期待用户长期留存并不现实。不过好在互联网产品的优势就是能够持续迭代，运用演化思维为产品升级，产品策划和运营应共同为迭代策略负责，通过数据对比分析提升用户留存率。

比留存更深入的行为层级是付费，它对应感情关系中的付出。这时用户已经从内心信任和接纳了产品，他们愿意为更高级的功能或产品中售卖的东西付费。通常电商类产品会用客单价和复购率作为衡量付费行为的指标，前者代表消费力，后者代表消费频次和可持续性。

最深的行为层级是推荐，它对应感情关系中的共同体概念。用户在心理上和产品站在了一起，愿意充当产品代言人把它推荐给更多朋友使用。这种口碑传播的行为也是衡量一个产品忠诚度的最佳指标。来到这一阶段的用户越多，产品的自传播能力就越强。

所以归根结底，产品运营的核心目标就是提升流量和每个行为层级的转化率。不过值得注意的是，产品有自己的生命周期，在不同发展阶段运营侧重点还是不同的。下面我们将分别探讨产品冷启动时期（从0到1）和高增长时期（从1到N）的运营策略。

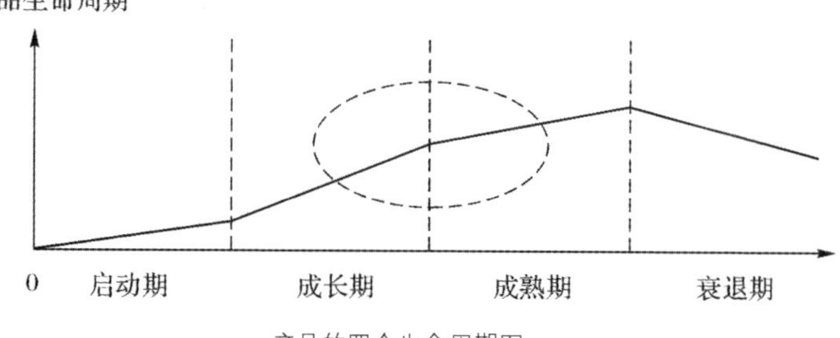

产品的四个生命周期图

冷启动：种子用户与增长黑客

在产品启动初期，产品面临着没用户、没流量、没钱，产品也比较简单的尴尬状况。这时运营最重要的工作就是寻找种子用户，也就是对产品定位最感兴趣的那群人。把他们引入产品中来，构建最初的产品环境。

到哪里去找第一批种子用户？我们需要根据产品属性去挖掘最可能存在相应需求的用户群。一个社交、电商、工具或新闻产品，它们种子用户的来源肯定各不相同。

为了有效获取种子用户，在早期资源条件受限的情况下，产品团队常绞尽脑汁，采取一些低成本、非常规的手段。这类获客手段在技术层面往往像在“偷袭”对手，和早期黑客的攻击行为有相似之处，因此被称为增长黑客（growth hacking）。它逐渐在创业圈兴起、发展，目前已经演化成硅谷和中国互联网公司中的标准职位配置。国内也有以此为题创作的书籍①。

如果说 MVP 是以最低的成本验证假设，那么增长黑客就是以最低的成本获取用户。变化的只是任务目标，思考方式不变。还记得我们在需求阶段总结的影响产品强度的要素吗？放在种子用户身上同样适用。下面就从种子用户需求角度出发，简单梳理增长黑客获取种子用户的几种常见手段：

---

① 范冰所著《增长黑客：创业公司的用户与收入增长秘籍》一书中列举了众多国内外增长黑客案例。

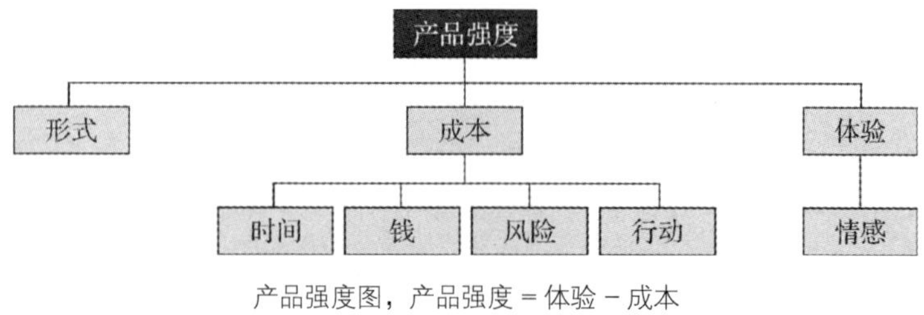

产品强度图，产品强度 = 体验 - 成本

1. 降低种子用户的行动成本，代表产品有 Airbnb（爱彼迎）、网易云音乐、喜马拉雅电台等。

降低种子用户行动成本在冷启动阶段非常重要。产品需要找到一种只需要用户付出很低成本和精力就能乐意完成的方式，并且这种方式最好还有额外的益处。

Airbnb 起步时市场上已经有一个强劲的对手 Craigslist——类似国内的信息发布平台 58 同城。为了从对手的房屋租赁板块获取种子用户，Airbnb 推出了一项服务：房主只要在 Airbnb 上发布房屋信息，Airbnb 就会同步复制一份帮他们发到 Craigslist 的分类目录下。对用户来说，只要发布到一个平台就可以获得两个平台的曝光，行动成本大大降低。因此不仅 Airbnb 的老用户积极使用这项功能，越来越多的 Craigslist 用户也开始迁移到 Airbnb 来发布信息。

当然，Airbnb 不可能拿到对手 Craigslist 的接口，事实上 Airbnb 的工程师是利用对方系统的漏洞才实现了该功能。他们写了一个脚本机器人去访问并解析 Craigslist 的网址，加工后再提供给用户用于发布。机器人还克服了一系列技术难题，最终实现了完美的同步发布。在 Craigslist 觉察到并封锁漏洞之前，Airbnb 已获得了数量可观的种子用户。

另一个类似的案例来自 2013 年发布的网易云音乐。当时国内网络音乐市场格局已相对饱和。QQ 音乐、酷狗音乐、多米音乐以及虾米、豆瓣等平台在音乐市场形成割据之势。用户在音乐平台上收藏喜欢的音乐，收藏越多对音乐平台的忠诚度也越高，要迁移到新平台的行动成本也越高。这就给网易云音乐获取种子用户带来了极大挑战。

为了降低用户行动和迁移的门槛，云音乐运用非常规技术手段绕过对手限制，推出了“导入歌单”功能。使用这一功能，用户可以一键导入自己在酷狗、豆瓣、多米等其他音乐平台中收藏的音乐列表，并且还能直接下载列表中的歌曲。这招对云音乐初期发展至关重要，不少用户通过歌单迁移来到云音乐并留了下来。

网易云音乐凭借“导入歌单”功能获取种子用户图

喜马拉雅电台也借鉴了类似做法。喜马拉雅电台对种子用户的定义是那些长期做广播电台，持续生产内容的播音人。为降低种子用户的行动成本，喜马拉雅鼓励用户在录节目时顺道录一个音频发到喜马拉雅平台上。这种做法为喜马拉雅积淀了第一批精品内容。

2. 将种子用户的货币成本变成“负的”，代表产品有 PayPal、微信支付、得到、微信读书等。

在冷启动阶段让用户付费体验肯定不现实，常见做法都是该收费的免费赠送，本来免费的变成反向付费，也就是给钱让用户来体验产品。但具体怎么给，这其中也有讲究。

美国“支付宝”PayPal 在 1998 年推广产品时遭遇困境。当时通过传统手段获取用户成本极高，因为那时的用户普遍无法接受网络支付。为了找到一批愿意尝鲜的种子用户，PayPal 把目光投向了同样也是新生事物的电子邮箱。他们发现使用 Email 的人正好是 PayPal 要找的种子用户。于是他们给所有能找到的邮箱发送邮件，里面写道：“你的 PayPal 账户里有 1 美金，只要登录就可以领取。”这个小技巧成功为 PayPal 引入了第一批用户。

人们总是很难抗拒“属于我的东西”。微信支付在 2014 年将 PayPal 这招迭代升级，创造了一个堪称经典的冷启动增长案例，主角就是大家熟悉的微信红包。一般用户收到红包的金额不会很多，但总收红包不发红包怎么也说不过去，于是人们纷纷绑定银行卡开通了微信支付。与 PayPal 花钱买用户相比，微信支付以极低的成本完成了产品的冷启动。

知识型产品得到以及微信读书在启动初期也采用了这一打法。得到将一些原本需要付费购买的内容免费送给用户，然后让用户签名承诺分享。而微信读书采用“赠一得一”的方式鼓励分享。两者赠送的东西在应用内都体现为付费内容，用户有明确的获得感。值得注意的是：产品赠送的东西要和产品本身的价值特性保持统一，毫无关联的赠送不利于产品自传播。

3. 让种子用户惊呼“真好玩”，代表产品有微信、QQ邮箱等。

考虑以情感体验吸引种子用户时，我们不能回避一个客观现实：用户已经越来越聪明，他们见多识广，能够识别一个产品想要从他们那儿获得些什么。在中国互联网发展期，类似 QQ 会员、QQ 钻石体系的游戏化分级体系可以有效激发用户情感。看着级别步步攀升，用户就能体验到巨大的成就感。

但需求是有弹性的，同样模式的游戏玩儿多了就会腻。当所有产品都把用户当动物，让用户去爬升级梯的时候，真正优秀的产品会思考如何另辟蹊径。

心理学研究发现，能够令人上瘾的东西都具有不确定的特质。在实验中给小白鼠喂食，不定期投食反而能触发更多次的回应。比如微信早期就凭借着“附近的人”功能成功制造了产品的病毒性自传播。当时 LBS[①] 还是个新奇玩意，用户微信里的朋友也还

① Location Based Service 缩写，意为基于位置的服务。

不多，通过“附近的人”，用户可以看到很多陌生人——男性可以看到很多陌生女性，而女性呢？可以通过“被打招呼”的频率测试自己的魅力值。就这样，群体的网络效应和不确定的玩法助力微信彻底扭转了战局。2011 年 7 月“附近的人”上线后，微信日新增用户一跃达到 10 万以上，在没有借力 QQ 资源的前提下实现了产品的量级跃迁。

QQ 邮箱的“漂流瓶”、微信的“摇一摇”和“剪刀石头布”都包含了类似的设计思路。人们热爱游戏，热爱在相对安全的状态下体验不确定性。如果产品做到了让用户惊呼“真好玩”，病毒式传播还会远么？

检验 MVP 成功的标准：自传播

资源匮乏并不意味着产品身陷绝境，恰恰相反，很多绝佳的产品创意都来自山穷水尽的奋力一搏。增长黑客的火爆似乎印证了建筑大师弗兰克·劳埃德·赖特（Frank Lloyd Wright）的一句名言：人类至今建造过的最好的建筑，往往是在限制最多的时候造出来的。

很多人认为在腾讯做产品仗着流量大，插根扁担也能开花，事实上腾讯做失败的产品不在少数。只有在需求策略、设计阶段做到位并通过了初期验证的产品，才有可能借助流量的力量发展壮大。

在腾讯内部，许多没验证出自传播能力的产品其实走不到大面积推广这一步。这恰好可以回答一个类似的问题：创业公司什么时候可以投入资源去规模化推广你的产品？没错，判断标准就是：产品是否达到了自传播状态。

什么样的状态叫自传播状态？就是不用强迫用户去分享，他们自己就会愿意去跟朋友分享，甚至去炫耀产品。只有达到这样的效果才真正说明我们的 MVP 模型是成功的，也就是从 0 到 1 的这个阶段是成功的。

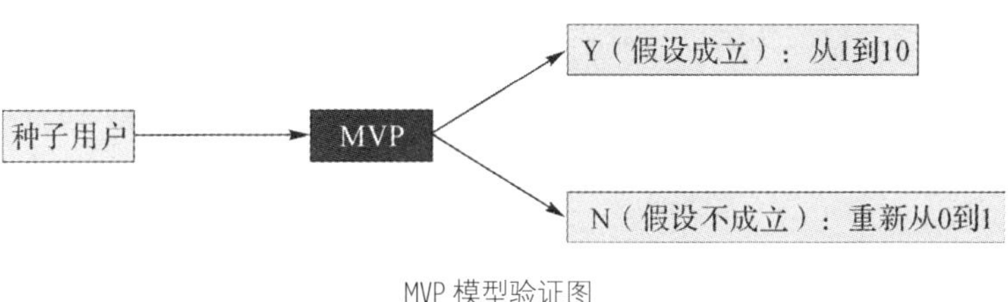

MVP 模型验证图

我们知道，用户说的跟做的往往不一致。所以在获取用户反馈时不仅要得到用户的说法，更重要的是去看实际数据。用户到底怎么用产品，使用频次怎样、深入程度如何等都可以通过数据反馈体现出来。

腾讯非常重视用户反馈。《腾讯方法》一书中提过一个案例，在开发《天天爱消除》时，产品团队有一次邀请了一批玩家到用户体验室体验游戏消除物。因为游戏消除物涉及辨识度、颜色、形状、间距等诸多因素，所以这场玩家调研整整持续了两天。但结果却出人意料：原本美术组最认可的戴头盔的太空狗消除物测试得分却非常低；还有的员工认为猫脸创意非常好，结果用户反馈说非常讨厌猫脸的设计，感觉那些猫一直在瞪着自己，让他们觉得压力很大。最后设计师在重新思考这些反馈后，将游戏的消除物确定为七款个性不同的小动物，并赋予了它们独特的表情。这款老少皆宜的游戏才真正调整到验证通过状态。

用户调研和数据反馈这两个方面一个定性，一个定量，两者结合起来才能帮助我们获得一个正确的用户反馈。基于正确反馈我们才能判断之前的 MVP 模型假设是否成立。

如果验证的结果是种子用户很喜欢使用产品、用得很深入，数据效果也很好，那么 MVP 模型的假设就是成立的。接下来我们就可以继续向前推进了。但如果用户反馈和数据很糟糕，我们就需要重新回到产品的 MVP 模型上，去寻找答案：用户为什么不用？是什么阻碍了他们的行动？他们有什么建议？重新搜集用户反馈，再把这些反馈抽象提炼出来，回到产品设计的最初，再次进行场景划分，重新思考 MVP 模型该做些什么调整。调整完毕后再推给这些种子用户试用、重新验证假设，这是一个周而复始的过程，直至种子用户的反馈数据表现良好为止。

如果说从 0 到 1 是一款产品的探索期，那么从 1 到 N 就是对产品生命力和商业模式的验证。在这一阶段中，我们需要去探索适合产品的增长模式，伴随目标用户群的逐步扩张，产品将走向更广阔的市场天地。

从 1 到 N：高增长背后的逻辑

从 1 到 N 的阶段涉及范围非常广，根据用户数量的规模大小可以分为成长期和成熟期。成长期运营的核心策略可以用一句话概括：不要想着满足所有人，在每个阶段保持专注。用一个词概括就是“聚焦”。

因为成长期产品的用户量还不是很多，可以看作处于从 1 到 10 或者从 1 到 50 这么一个阶段。这时团队精力和资源都很有限，必须将有限的资源全部投到核心目标群体上，做深、做透这部分用户，让他们对产品形成清楚的认知。当产品影响力还没有做大时，不要去考虑发展其他的大众用户。如果某些大众用户反馈说产品不好，我们也可以不管，只聚焦最核心的用户，为他们做好产品和服务就可以了。

微信在刚开始的时候所有焦点都放在社交聊天上，并没有开发朋友圈等其他功能。它所有的功能都围绕着“如何让用户找到新朋友”“如何把同事朋友都聚集到这个平台来”展开，主要做的都是对聊天功能的深入挖掘。比如开发群聊功能，做群体验，关注怎样可以在群里实现免打扰，关注怎样做好群聊用户的隐私保护，甚至开发“摇一摇”或者“附近的人”等功能，都是以尽可能协助人与人沟通为核心目标。朋友圈是比较晚的 4.0 版本才推出的，那时大部分用户都已经齐聚到微信平台上了，所以它才考虑推出这样的功能。

还是那句话：成长期一定要聚焦做好产品最有优势、最核心的东西，把它做到极致并尽可能地获得用户最大程度的认可，然后让用户把所有他愿意拉过来的人都拉到你的产品上来。微信就是这样，当它获得口碑以后，用户就会说：哎，你看微信多好用。然后就会把他的爸妈都拉过来一起用。产品聚焦，用户群才有可能不断滚动起来，进而发展壮大再进入到下一个阶段——成熟期。

那时候，产品已经不再是从 1 到 10，而是发展到 50 到 100 甚至更高的阶段了。在这个阶段，你会发现越来越多的人喜欢用你的产品，用户规模也到了更大的量级，产品的用户类型也会由原来的单一变得复杂起来。

这时我们就需要做一些用户细分了。需要根据数据去建立产品的抽象用户族群，然后在这些抽象用户族群中思考要走的方向和运营目标，并且学会以终为始地去考虑问题。要一如既往地重视数据反馈，因为数据始终是贯穿运营全流程的，我们可以从数据里获得很多重要的信息和反馈。

什么叫以终为始的思考？简单讲就是用终点的运营目标反推运营过程。运用我们前面提到的拆解问题的方法分解运营目标，因为此时用户类型已经比较细分，规模也比较大了，需要树立一种管理整个用户族群的意识。

具体怎么做呢？首先要去了解用户构成，知道他们的活跃、留存、流失等数据情况；然后在此基础上思考怎样能够达到运营的目标。一般产品在中后期时，大多已经获得了资本的支持，当我们再去思考如何达到商业目标时，就需要以终为始这样的思考方式，思考如何利用自己手里的资源去实现商业价值和用户价值。

比如产品现在已经累积了几十万用户，但我们还想让它再上一个台阶，例如突破 500 万。那在定下运营目标后，我们就要思考如何才能达到这个目标，这当中涉及的问题有：老用户怎么样才能留存，流失比例应控制在什么范围内，新用户要怎样进来……从这几个方向上去分拆目标，分析推广要做到什么程度。

这样的分解可以帮助我们进一步把产品扩张到更大的范围。但是始终要记得产品和运营是不分家的，它们的角色一直是融合的。所以在后期做产品运营时，我们常常看到运营扮演着极其重要的角色。产品新功能的推出会慢下来，但它会做非常多运营相关的工作。

具体运营工作怎么做呢？首先要去分析现在这些用户大概的角色分布，以及各个角色背后大概的喜好行为路径是怎样的。然后你会发现：随着用户越来越多，产品里面抽象化的角色也会越来越多，他们会有各种各样的个性化需求，甚至出现一些诉求上的分歧。还是以微信为例，有的用户可能只是单纯地喜欢聊天，连朋友圈都不看；也有一部分用户可能是深度朋友圈用户，他们觉得朋友圈功能对他们非常重要，甚至希望朋友圈能做得更有意思、更多元素一些，更复杂一点。

每个用户的需求和诉求会因为自身用户定位发生一些分歧，

这个时候我们就需要以一种产品经理的视角去看，必须明确知道自己现在所处的位置，以及产品所处的位置，甚至是在现阶段这个位置上哪几大类的人对产品来说是最重要的。

当然也不是说一定要抛弃那些非主流用户，我们可以尽可能地用兼容方案去解决问题。但要明白产品永远做不到100%完美，也不可能在每个人的心目中都是一百分。这时候我们的目标是尽可能抓住80%的人，并且努力在这80%的人心目中拿到80分以上的成绩，这是产品运营中一种非常重要的智慧。

其实，产品运营跟产品设计一样，是一个动态的过程。所以在运营这个动态的过程期间，我们需要不断地以产品设计的思路去复盘，不断地回过头对现阶段的市场、用户、产品进行分析。

其实很多产品的优化都是通过数据方式反向去推动完成的，产品的设计和数据一直结合得异常紧密，如果产品中某个功能的数据情况一直不好，用户都不怎么使用，在迭代过程中就要想办法改善或直接拿掉它，运营中始终存在这样一个过程。

最后总结三个要点：

第一，以运营目标为导向，是帮助自己梳理和产生思路的重要过程；

第二，历史数据非常有用，玩运营的实质就是玩数据；

第三，学会给用户设定目标。

运营就是以最低的成本做最大的用户数

在商业角度有一个值得注意的指标叫作ROI，也就是我们常说的投入产出比。这个指标里会涉及成本因素，而且成本一般是多方面的，包括产品投入开发的时间、人力、物力等。总的来看，投入产出比的意思就是说总成本和总产出（也就是产品在用户中整体起到的效果）需要有一个平衡。

合理控制ROI

ROI=投入产出比，用最小的代价达成最大的效果

代价

Money

精力投入

投入产出比图

如果不考虑成本，我们完全可以花很大的价钱去铺地面广告，做高曝光率，这样转化率基数也会很大。但一般小公司或创业公司不太可能有这么多钱和资源去做这件事，它们又该怎么办呢？

聚焦！只能不断地聚焦产品的运营工作。我们始终要记得团队精力有限，不可能满足所有用户的需求；而且用户的认知也是有限的，他们只会记住那些有特色的产品。所以我们要做的就是不要开发核心功能以外的其他功能，并且尽可能地去获取目标用户的口碑，在他们当中促成自传播体系的形成。

当然在聚焦这些工作的同时，也需要核算所付出的成本，而且尽可能以最小的成本获得最大的效果，这也是我们定运营目标和ROI投入产出比的含义所在。

其实在很多公司里面，特别像一些初创型公司里，它的产品和运营都是同一个人来做的，就是产品经理。所以产品跟运营间并没有一个严格的分界线，但是在腾讯他们是分开的，腾讯会有专业的产品经理和运营经理。不过即便是这两个角色分开，他们在工作上的融合度也必须是非常高的，产品经理跟运营经理需要经常一起讨论问题，他们要做到类似同一个人一样去做出决策，这样才是最高效的。

所以现在整个运营的模型就很清楚了，它主要讲的就是我怎么样以相对合适的成本（也就是产品能够负担的成本）把蓄水池的效果做到最好。这就是产品运营最核心的原则。

第三节　数据分析的误区

管理大师彼得·德鲁克说：如果你不能够衡量，那你就不能够有效增长。数据分析工作贯穿产品设计、成长的全过程。数据是真实、客观的，不过我们选择看数据的角度却是主观的。在数据分析工作中，存在这么一种奇怪状况：同一批数据，经不同人分析后得出了完全不同的结论。因此，与获得“正确”的数据分析方法相比，避免陷入常见的数据误区恐怕是更重要的事。

误区一：对比分析新版总比旧版好。

每个版本发布后，我们必须要做的数据工作就是对比分析新旧版本的数据情况，以判断新版本的改进是否更契合用户需求。分析的指标包括但不限于版本的访问频次、使用时长、关键流程转化率、用户留存率等。如果直接提取两个版本的全量用户数据进行分析，绝大多数情况下我们会发现新版数据总是比旧版好。如果不回头仔细分析，很容易得出“用户果然更喜欢新版本设计”的结论。

但事实是，直接对比全量数据的分析方法是错误的。因为新旧两个版本的用户群性质存在较大差异：

新版本用户池＝旧版升级到新版的用户＋首次下载产品的新用户

旧版本用户池＝旧版升级到新版的用户＋旧版未升级到新版的用户

一般来说，对产品旧版本比较满意、相对活跃的那部分用户更愿意升级到新版本，而那些对产品不怎么满意的用户很多都流失了，自然也不会升级新版本进入新版本用户池里。这就导致新旧版本数据池中有差异的两个群体一个是中性用户——首次下载产品的新用户，另一个却是负评价用户——旧版未升级到新版的用户。这样做对比分析得到的结论自然比真实情况乐观许多。

因此，对比分析的首要任务就是确保参与比较的两组群体性质相似，尽可能控制住其他变量，只观察版本变量对用户的影响。具体做法可以选择新旧两个版本发布初期（比如发布后七天）的新用户来进行对比分析。这些用户都是首次接触产品，只有接触的版本不同，对比各项指标得到的结论才能更接近用户对产品的真实反馈。

最后总结一下，凡对比必须控制变量，同基线的对比才有意义，这也是数据分析的一个基础原则。

误区二：平均数掩盖的真相。

我们看数据的时候一定要对平均数提高警惕，因为它导出的结论常会掩盖一些重要的真相。其中最常见的误区有两种：

☆ 混淆不同级别的用户；

☆ 忽视用户分布状况。

不同用户对产品的意义是不一样的。如果我们不对用户分级，混淆起来看总体的用户数据指标、看平均数，那么我们既不能看到真正的问题在哪儿，也无法知道真正的增长来自哪儿。

举个例子，分析一个视频类应用缓冲超时与用户跳出率之间的关系。分析发现不管平均超时有多么严重，用户的跳出率都很低。从平均数据看用户似乎对缓冲超时并不在意。但当进一步分析数据才发现，原来有 95% 的用户是免费用户，这些用户不管超时多严重跳出率都很低，而另外 5% 的付费用户其实对超时很敏感，当超时严重时付费用户的跳出率明显上升。但由于付费用户在总用户中占比太低，这种状况就被总体平均数给掩盖掉了。如果产品负责人只看总平均数，他将看不出任何问题。

所以我们在分析产品数据时——尤其是电商类、游戏类、增值服务类等产品类型，一定要对产品的用户群进行分级。只要涉及“平均”指标的数据，都尽量到同级别用户里去做统计。比如平均访问时长、平均客单价、平均消费频次等，全部分开统计。

这样统计的好处是产品将越来越了解它的用户行为及构成，还可以对不同类型的用户提供差异性的功能设计。这在经济学里可以看作一种价格歧视，歧视不是戴有色眼镜的偏见，而是对用户进行差异化管理，有利于产品设计者更好地满足用户需求，助力产品健康成长。

另一个平均数的误区是：我们在谈论平均数据时总会下意识地忽略用户的分布状况。比如，当听到一个描述说“这个页面的日平均浏览量高达 200 万”时，你的直觉反应是什么？深谙数据分析之道的运营者一定会继续追问“这个数据的具体分布情况如何”。因为他们脑海中会立刻反射两张不同的图像出来：

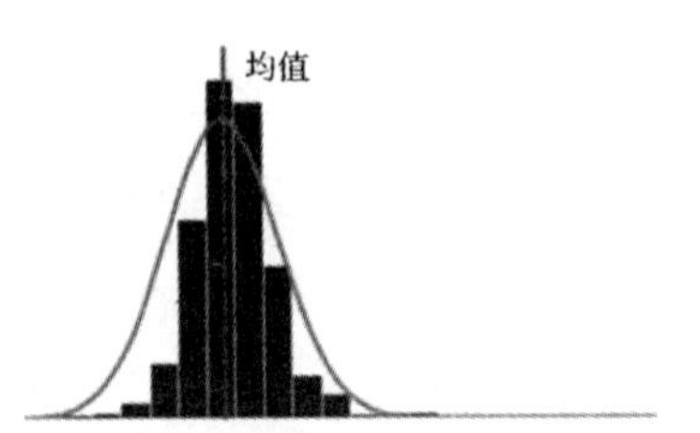

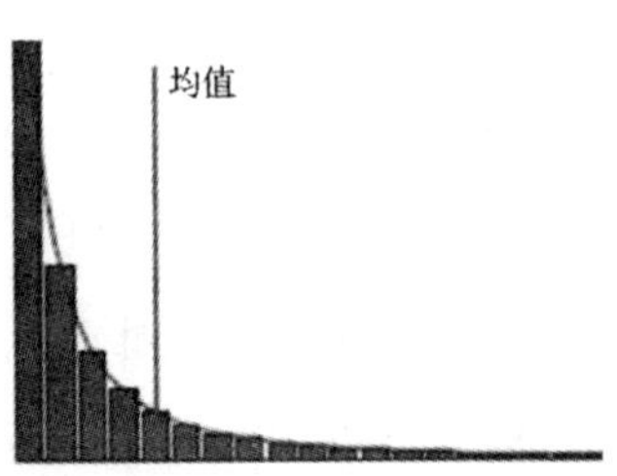

均值相等的正态与长尾分布图

可见，左右两图的均值相等但用户分布完全不同。当数据呈左图的正态分布时，均值可以大致上代表整体情况，但当数据呈右图的长尾分布时则不然。遭遇这类情况时，我们最好截取数据最密集的一段进行分析，进而导出更具指导意义的结论。

与平均数类似，数据中另一个值得警惕的概念是占比，一个高占比在没有样本总量做参考的前提下很容易误导人。记住一条原则准没错：

谈平均不谈分布，谈比例不谈总量，都是耍流氓。

误区三：被误判的渠道价值。

在产品成长阶段，我们会借助内外部不同渠道进行产品推广。内部渠道包括好友分享、赠券优惠等，外部渠道则包括各大应用市场、网站联盟、邮件短信营销、资源互换、SEM[①]、线下地推等。这么多渠道每个都对应着推广成本，运营者常通过评估渠道价值来制定渠道的推广策略。

假设现在有两个渠道，渠道 A 和渠道 B。它们的渠道引流

① Search Engine Marketing 的英文缩写，即搜索引擎营销。

能力如下：

> A 为产品带来 50000 个激活用户，1 个用户成本 10 元；
> B 为产品带来 20000 个激活用户，1 个用户成本 20 元。

直接从渠道用户数量和单用户获取成本来看，A 渠道量大成本低，显然优于 B 渠道。如果我们对渠道的价值评估仅止于此，就落入了价值误判的陷阱。

用户激活使用只能代表他们走近了产品，但这些用户是如何使用产品的？他们对产品感兴趣吗？愿意长久用下去吗？愿意付费吗？愿意向朋友推荐吗？所有这些问题我们都还不清楚，这批用户对我们来说还只是未知的黑盒。这样评估出来的渠道价值毫无意义。

没错，激活只是用户行为深度模型 AARRR 的第二个层级。当我们评估一个渠道的价值时，本质上是要看这个渠道为我们带来的用户到底是谁，他们和产品契合度如何，在产品的哪一个层级上。即使都是付费用户，付费频率和平均客单价不同的用户对产品的价值也是不同的。

所以回到渠道 A 和 B 的比较上，按照 AARRR 的路径依次向下追踪分析，看 50000 个和 20000 个激活用户最终走到付费阶段的有多少，走到推荐阶段的又有多少，再反向核算单个用户的成本，才能做出正确评断。例如这个案例分析下来，最后情况很可能是这样的：

A 激活 50000 个，留存 10000 个，付费 2000 个，推荐 1400 个；

B 激活 20000 个，留存 10000 个，付费 6000 个，推荐 4500 个。

反向核算 1 个用户的成本：

A 渠道 1 个用户的激活成本 10 元，留存成本 50 元，付费成本 250 元，推荐成本 357 元；

B 渠道 1 个用户的激活成本 20 元，留存成本 40 元，付费成本 66 元，推荐成本 89 元。

综合评价后结果显示：B 渠道的用户质量反而好于 A 渠道。

不过还有一点需要留意：分析渠道价值时，最好对比同期渠道数据。这一点我们在对比分析里已经提到过。渠道来源并非影响用户转化的唯一要素，不同时期不同版本，各环节运营手段总有不同，如果还是采用逆推判断不同时期的渠道付费成本显然不太合理。

最后总结一下渠道误判留给我们的教训：渠道有多大流量不重要，重要的是产品通过它最终能沉淀下多大的流量。

误区四：辛普森悖论。

文章《向理性与直觉挑战的顽皮精灵》中讲过这样一个故事：

“校长，不好了，有很多男生在校门口抗议，他们说今年研究所女生录取率42%，是男生的两倍，我们学校遴选学生有性别歧视。”校长满脸疑惑地问秘书：“我不是特别交代，今年要尽量提升男生录取率以免落人口实吗？”

秘书赶紧回答说：“确实有交代下去，我刚刚也查过，的确是有注意到，今年商学院录取率是男性75%，女性只有49%；而法学院录取率是男性10%，女性为5%。两个学院都是男生录取率比较高，校长这是我作的调查报告。”

商学院与法学院男女录取率统计表

学院	女生申请	女生录取	女生录取率	男生申请	男生录取	男生录取率	合计申请	合计录取	合计录取率
商学院	100	49	49%	20	15	75%	120	64	53.3%
法学院	20	1	5%	100	10	10%	120	11	9.2%
总计	120	50	42%	120	25	21%	240	75	31.3%

“秘书，你知道为什么个别录取率男皆大于女，但是总体录取率男却远小于女吗？”

——这就是统计中著名的辛普森悖论（Simpson's Paradox），它是比例的另一种误区。辛普森悖论由英国统计学家E.H.辛普森（E.H.Simpson）于1951年提出，描述的是某个条件下的两组数据，分别讨论时都会满足某种性质，可是一旦合并考虑，却可能导致完全相反的结论。

在我们的数据分析工作中，有时也会落入辛普森悖论的陷阱。比如，在统计付费用户的占比时，常有类似下表的状况发生：

小程序与公众号用户付费率统计表

	小程序	公众号
用户数量（个）	5100	10000
付费数量（个）	240	650
付费率	4.7%	6.5%

	小程序		公众号	
	Android	iOS	Android	iOS
用户数量（个）	1600	3500	8000	2000
付费数量（个）	140	100	600	50
付费率	9%	3%	8%	3%

总体看，小程序的付费率低于公众号，但实际上当我们进一步分解去看，无论是 Android 平台还是 iOS 平台，小程序的付费率都要高于公众号的付费率。

为了避免辛普森悖论出现，常规的解决方案建议分析者斟酌个别分组的权重，以一定的系数去消除以分组资料基数差异所造成的影响，同时了解分析情境下是否存在其他潜在因素。在实际的产品分析工作中，不妨简单粗暴地记住：不仅谈比例不谈总量是耍流氓，谈比例不看细节也是耍流氓。

第四节　产品营销=内容+渠道

在这个酒香也怕巷子深的时代，产品推广营销是避不开的一条路。或许我们还会怀念 QQ 时代，因为那是坐等用户上门的黄金时代。

吴晓波在《腾讯传》里记录了 QQ 的爆炸式增长：

> 上线两个多月后，OICQ（QQ 的前身）的用户增长态势就呈现为一条抛物线，而且是一条非常陡峭的抛物线。有一段时间，用户数每 90 天就增长 4 倍……在距离发布之日仅 9 个月之后，OICQ 的注册用户就已经超过 100 万，开始要放 7 位数的用户号了。

相信大家对争抢着注册 QQ 号的年代都记忆犹新，而那些做营销不用打广告、不开发布会的好日子，早已一去不复返。

在互联网技术的催化下，产品越来越多，竞争越来越激烈，就连腾讯这样的巨头，也不敢忽视产品营销推广。如果你不“叫”，就没有人来买。既然要叫卖，就必须有一个通道，或者说一个工具。通常，我们把这个通道称作媒介，报纸、电视、电话、微博、微信、网站等，都可以是营销推广的媒介。

渠道融合

就在三年前，人们还在争执新旧媒体的强弱，把线上和线下分开来谈。而如今，已经很少有人单独说线上或线下，大家逐渐意识到，线上和线下正在融合。

尤其对于互联网产品来说，线上和线下的融合推广至关重要。作为最优秀的产品经理，乔布斯就深谙线下推广的妙处。如今，互联网产品的线下发布会无不受到乔布斯的影响。

乔布斯不仅懂得线下发布会的营销推广意义，更清楚如何运用技巧，做一场有强大影响力的线下发布会。台上的乔布斯被光环包围，一场发布会结束，用户认识了苹果的新产品，并且成为它的忠实粉丝。

当然，国内也有许多优秀的产品经理，他们可以通过一场发布会，聚拢粉丝，扩大影响力，比如罗振宇、罗永浩、雷军等。即便是不喜欢露面的张小龙，也为了推广小程序，做了一场干货满满的微信公开课。

可以说，线下发布会已经成为互联网新品推广的必要一环，它所爆发的势能远远大于线上发布。线下开发布会，线上同步传播，引发用户关注评论，扩大产品势能，这就把线上线下深度融合到了一起。

产品发布会只是线上线下渠道融合的表现形式之一。再以外卖平台为例，这类产品本身就把线上和线下合二为一，刚兴起的时候，人们把它叫作 O2O（Online To Offline，线上到线下）。而如今，“互联网+”新业态发展快速，O2O 已经普遍得不再是一个新名词。

而当 O2O 产品从线上走向线下的时候，互联网产品的推广营销渠道也从线上走到了线下。对美团、饿了么这样的平台来讲，地推的作用非同小可。当然，这也是其产品性质决定的。它们必须到线下去找商家，吸引用户下载、使用、购买。

美团的前 COO（首席运营官）干嘉伟曾在一次演讲中谈道：

> 本地生活（服务）具有非标准化的特点，这决定了它没法像淘宝那样，通过让商家或者小卖家自己上来，用 UGC（User Generated Content，用户原创内容）的模式发展客户。本地商家 IT 互联网意识比较弱，能力比较差，它需要一个庞大的线下团队或者叫地推团队去发展和维护。因为团购业务发展非常快，需要有一个标准化的建模的过程。这就像部队一样——一开始揭竿而起，乱打，但如果要成为正规军，就要出操，练刺杀，一个基本动作练很多次。

尽管身处互联网时代，但市场是用双脚跑出来的，这句话仍然奏效。不仅 O2O 产品如此，其他互联网产品也不能忽视线下推广的重要性。一款只在线上活跃的产品，和用户之间的亲密度比不过那些走进消费者真实世界的产品。

在较长一段时间内，互联网产品信奉“流量为王”。腾讯QQ和腾讯网这两大产品曾给腾讯供给了超多流量，依靠这样的“金山”，腾讯占据着流量霸主的地位。

然而，到了虚拟世界和现实世界走向融合的今天，光凭流量早已不能横行天下了。流量是一把利器，但效果注定是短暂的。关于这一点，腾讯很早就有所准备。

2007年年底，原腾讯网络媒体事业部广告团队提出了“腾讯智慧”——MIND这一概念，推动互联网推广营销从大流量向精准营销更进一步。

> Measurability：用可衡量的效果，来体现在线营销的有效性、可持续性和科学性。
>
> Interactive Experience：用互动式的体验，来提供高质量的创新体验和妙趣横生的网络生活感受。
>
> Navigation：用精确化的导航，来保障目标用户的精准选择和在线营销体验的效果。
>
> Differentiation：用差异化的定位，来创造在线营销的不同，满足客户独特性的需求。
>
> 这一概念，不仅是腾讯网为客户提供的方法，也是产品本身理应重视的。MIND思维提及的效果、互动、导航、差

异化，正是产品选择营销推广渠道的参考要素。也就是说，定位一个好的渠道，可以这样简单描述：有好的引流和购买效果，能促进产品和用户的互动，精准地找到用户，并且满足产品目标用户的差异化需求。

具体来说，与MIND方法对应，我们可以用“质量系数”和“数量系数”来分析某个营销推广渠道的价值大小。如下图所示：

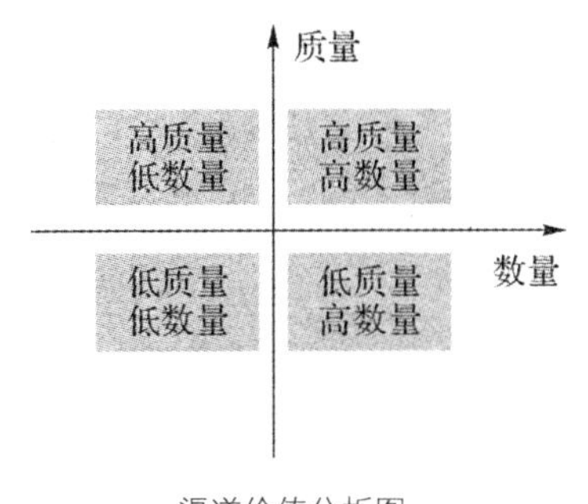

渠道价值分析图

在“数据分析的误区”中我们曾讨论过渠道价值需要逆向分析否则容易造成误判的问题。在实际工作中，我们常用上面的象限分析法来针对性调整渠道投放的策略。

产品在哪个平台上下载的人又多、活跃度又高，使用或购买的人也多，这个平台就属于高质量和高数量的。相反，某个平台这也不行那也不行，这就属于低质量低数量的平台。具体在制定渠道策略时，下载应用的用户数量可以作为图表中的数量参考，质量系数和数量系数的具体计算则可以参考以下两种方式：

质量系数 = 用户活跃参与 ×40%+ 用户留存 ×20%+ 获取收入 ×30%+ 用户推荐 ×10%

数量系数 = 用户获取 ×40%+ 用户活跃参与 ×30%+ 用户留存 ×30%

根据这个公式，我们就能判断出一些平台我们是不是该舍弃掉，又或者根据它们的特性做出适当的调整：当它处于低质量高数量的时候，我们就应该调整渠道策略和投放的要求，当它处于高质量低数量的时候，我们就应该扩大渠道引入数量。

如今，在大数据的帮助下，想知道某渠道的用户量、流量大小、消费者信息已不再是难事。谁能更好地运用数据，谁在营销推广领域就会更加得心应手。

产品经理人在渠道上最容易犯两种错误：第一，选错渠道。如果说用户和产品之间有一条道路，选错渠道就意味着选错了道路，你所选的那条路，无法到达你的用户；第二，不分阶段的滥用渠道。产品在不同发展阶段应该对应不同的营销推广渠道，产品初期、中期、衰落期、转型期的战略诉求不同，渠道选择也应当随之变化，与之匹配。

大数据大门的敞开，让产品经理们认识到了一个事实：你的产品受众没有想象中那么广，他们只是市场中的一个小群体。这个事实，让人无奈，也让人激情澎湃。为什么这么说？因为当一款产品找到了自己所属的社群之后，营销渠道的针对性将大大加强。如果你能丢掉“侵吞”一切的欲望，专注于某个特定社群，把一个渠道做扎实，你将从小社群中发现一个大世界。

互联网营销必杀技：免费

美国风险投资家蒂姆·德雷珀（Tim Draper）说：“如果你想更快地推广一样东西，就不要拿它来收费。”免费这个无形的营销武器，用好了是利器，用不好就是自取灭亡。

如果没有互联网土壤，免费策略不会发展得如此快速。而如果没有免费，互联网无力创造如此多的奇迹。在不考虑迭代成本的前提下，互联网产品的复制不会带来生产要素的固定投入。这一特性，使其边际成本几乎为零。突破了成本限制，使得互联网产品能够放心大胆地采用免费策略。网民用 QQ 是免费的，用微信是免费的，用搜索引擎是免费的，打游戏是免费的……免费成了一种习惯。

丹·艾瑞里（Dan Ariely）在《怪诞行为学》一书中写道：“零价格已经不仅仅是另一个价格了，它已经成为一个让情感一触即发的按钮，成为非理性快乐的源泉。”他解释说，在大多数交易中都能感受到好处和坏处，但是当某样商品免费时，我们会选择性遗忘它的坏处。

克里斯·安德森（Chris Anderson）在《免费：商业的未来》一书中介绍到，价格的免费分为两种：

一种随着生产力的发展，产品的成本和边际成本降低为零，可以将产品的部分甚至单件产品的全部利润反馈给用户；另一种将价格定为零，开拓其他的盈利模式，可以覆盖价格的成本。直观地表现为，前者不需要消费者为使用的产品或服务掏钱，后者则需要。通常，这两种方式是交叉的。

他认为，免费的根本问题在于真正的免费如何盈利，只有当免费的过程本身创造新价值，并且免费过程的所有参与者都能分享到这份新创价值，真正的免费才是可行的、盈利的。

人有一种根深蒂固的本能，总想获得免费的午餐。但人性的弱点如果不暴露，可能很多伟大的企业根本没有机会出现。过去的很多企业家都是充分认识到人的贪婪，用免费策略迈出品牌推广第一步，在群雄纷争的网络战场上为自己圈得方寸之地。

互联网产品通常会经历一个较长的引入期，然后才是爆炸性的增长。随着某一产品用户基础的增加，越来越多的用户发现使用该产品非常值得。之后，产品达到临界容量，占领市场，甚至形成垄断，达到赢者通吃的局面。

对于天生追求垄断的互联网产品而言，尽快占领足够大的市场规模，是一种求生的本能。而免费则是实现这一目的的最主要手段。用免费做营销的事件，早已屡见不鲜。

过去几年发生的一些轰轰烈烈的互联网“战役”中，几乎都有免费的身影。比如，“滴滴、快的大战”“美团、大众点评大战”“微信、支付宝大战”等等，产品都是通过红包、补贴等免费形式占领市场。

然而，免费只是一时之计，战火总会停歇。回到克里斯·安德森所提出的问题：免费的根本问题在于真正的免费如何盈利。我们从 QQ 寻求盈利的过程，或许能够窥探一二。

在 OICQ 诞生 9 个月的时候，注册用户突破百万，但腾讯的账上却只剩一万元现金。资金吃紧，让这家新生的公司过早地嗅到了死亡的气息。在较长时间内，腾讯为了喂养 QQ 焦虑不已。

幸运的是，腾讯遇到了风险资本，遇到了能够直接获利的移动增值业务。如果没有这些，腾讯将不复存在。更伟大之处在于，腾讯没有放弃自身的努力探索。即便 QQ 陷入免费模式的危机，仍然在想办法自己造血。

QQ 秀就是其中的产品代表之一。QQ 秀于 2003 年 1 月 24 日上线试运营，距离 QQ 诞生已有 4 年之久。在这 4 年间，QQ 想了很多办法来创造利润，其中包括招来强烈抵制的注册收费制。正如大家都知道的，用户根本不会为一件原本免费提供的产品买单，在他们看来，QQ 注册收费是一种敲诈行为。

此外，例如 QQ 靓号购买这样的收费项目，也没有戳中用户的内心需求，效果不痛不痒。而 QQ 秀的问世，终于让 QQ 有了一种久旱逢甘霖的感觉。

QQ 秀最初的玩法也运用了免费策略，所有充值 QQ 会员的用户，可以获赠价值 10 元的 Q 币，他们可以用这些 Q 币去 QQ 秀商城购买商品，设计自己在虚拟社区的形象。

可以说，赠送会员的 10 元 Q 币就是免费的诱饵。为了让自己在虚拟世界有一个完美形象，用户会用更多的 10 元购买皮肤、发型、妆容、衣服、包包、鞋子、项链……尽管这些都是“假”的，但他们乐此不疲。

QQ 秀产品受到了疯狂的追捧，上线前半年，就有 500 万人主动购买了这项服务，平均花费为 5 元左右，支出远远大于购买一个“会员靓号”。此后，在 QQ 秀大获成功的带动下，腾讯 QQ“钻石体系”[①] 变得更牢固扎实。

若非如此，QQ 产品从免费到盈利的道路还会更加漫长。现今，QQ 秀已退出了为 QQ 产品造血的队伍，但其具有重要的开创意义，因为这项服务的成功，让腾讯认识到，产品付费这条路是可以走通的。这些年来，QQ 空间装扮、QQ 广告等新的增值服务，都是站在 QQ 秀成功模式的基础之上。而积累了原始经验的腾讯，在微信产品上表现得更加成熟自信。至少，腾讯再也不可能犯下注册收费的错误。

如今，互联网产品越来越成熟，往往在一款产品问世之前，就早已规划好了从免费到盈利的路径。像 QQ 这样的“前辈”走过的弯路，为后人提供了珍贵的经验教训，是腾讯产品带给互联网的一笔财富。

---

① 钻石体系，指由 QQ 延伸出的增值付费产品，包括黄钻、绿钻、蓝钻等八种形式，每种钻石享受的特权服务不同。

产品即渠道

产品即渠道，好产品自己会说话，会告诉用户自己是谁，并且激发用户主动传播。一个人吃了一个水分充足、口感细腻、味道香甜的橙子，他不仅会再次购买，还会告诉身边的朋友，让更多人享受美味；一个人买了一部手机，这款手机不仅外观精致，运行速度快，使用方便，而且物美价廉，他也会推荐给身边的朋友，让更多人体验好的产品。

与其说分享是互联网的天然属性，不如说这是一种人性。人类生而孤独，天生就有分享的欲望，人们热衷于倾诉自己的所见所闻，吸引更多志同道合的同类。因此，当用户体验到一款好的产品，他会自然地传播出去。而这就是这些年大家常常提及的“口碑营销”。

对很多人来说，不管是 QQ 还是微信，只要他们的朋友在哪，他们就会去哪里。出于对朋友的信任，人们可以不假思索地尝试新产品。这就是社交产品的魅力，也是口碑的魔力。

一款好的产品能够为自己代言，尤其是像应用软件这类获取门槛极低的产品，传播效应是成倍地增长。腾讯深知产品本身的传播力，才会在设计研发上花费那么多的功夫。

想要做好互联网产品的推广，其前端的设计就一定要够格。用户体验是直接的反应，产品好不好用，是否抓得住人心，一试便知。有的产品能够让人上瘾，玩了一次，还想玩第二次，而有的产品会很快被人卸载。这往往不是推广的错，而是产品设计出的问题。

互联网产品的推广，不像其他行业的产品，依靠广告、明星推荐，就能够聚集一批人气。如果游戏不好玩，应用软件不好用，再多明星推广都不会有太大的用处，还会白白浪费推广费用。

我们不妨自问，口碑形成的必要条件是什么？我想应该是第一个用户，如果没有第一个，就没有后面的第十个和第一百个。那么，如何抓住第一个用户的心，引发口碑相传的效应呢？

拿下第一个用户，要求产品经理吃透人性。以游戏产品为例，玩家们玩游戏追求的是什么体验？什么体验称得上好玩？我们归纳出一些词汇，比如快乐、成就、荣耀等。这些词汇，都是用于描述一个人的心理状态的。其中任何一种，都有可能吸引一个人继续玩一款游戏。

简单举例，玩过《天天爱消除》的用户或许有印象，曾经有段时间大家喜欢在朋友圈晒游戏成绩单，比拼分数。很多人开玩笑说，要是大家为了读书考试的成绩如此拼命，考100分就不成问题了。而实际上，这是游戏规则设计者在满足人们获取认同感的需要，为大家量身定做了一个炫耀功能。

再看一个真实故事：某个朋友迷上了手机游戏《王者荣耀》。每次在团队中以最佳表现赢得战斗，她就会开心地大叫：

“谁是MVP[①]？谁？！”这时候，身边的朋友，不管有没有参与那场游戏，都要配合她大声回复说：“是你!”然后，大家就会听到她更加开心的笑声。这时如果你问她：“MVP有什么好处？可以赚钱吗？你为什么这么高兴？”她会回答四个字：“为了荣誉!”这句话里饱含的玩家荣誉感，或许能让我们更深刻地理解这款游戏获得的巨大成功。

用户的心理是什么？他们为什么用你的产品？你的产品为什么重要？产品经理人要反复地问这三个问题，找到答案，然后再和产品设计结合。如此，在产品推广的时候，你才可能找到更多有效的办法。

当然，除了用产品说话之外，营销推广还是需要其他内容来帮助传播的。在媒介碎片化时代，营销内容的设计与渠道关系愈加紧密，可以说，什么样的渠道决定了什么样的内容。

在一个严肃的公众号平台上，应该提供偏理性、注重知识传播的营销内容；在一个娱乐平台上，应该发布好玩有趣的营销内容。为渠道定制内容，等同于为用户定制内容。

成功的产品营销，除了达到“产品即渠道，渠道即内容”之外，一定会传递一种无形的精神力量。一家企业在成长过程中，会形成自己的品质和精神，这些特质会时刻影响它的产品气质。人们常把这样的气质称为企业文化。也就是说，公司的企业文化

① MVP 是 most valuable player 的缩写，意思是最有价值游戏者，指游戏里造成伤害最高的人。

会影响产品文化。

用户的口味正在不断提高，什么是优质文化，什么是低劣文化，他们能够做出正确判断。比如某互联网产品曾推出过这样的广告：男主又肥又丑，躺在浴缸里沐浴，而他身边的女主角美丽、温柔、体贴，正在为他做按摩。广告中的男主角，是用户的化身，而女主角则代表产品自身，意即该产品就像用户的贴身伴侣一样，事事都能考虑周到。

本以为该广告能够吸引用户关注，没想到却遭到用户反感。其原因无非有二：第一，没有人会把自己的形象和又肥又丑的男主角对应；第二，该广告画面让人感觉非常低俗，用户很容易产生抵触心理。

追求美好的事物，是人类的本能，排斥恶俗的内容，也是人类的本能。美好的精神能够感染用户，低俗的文化只会驱散用户。

打开腾讯公司的官网，有这样的描述：

> 公司使命是，使产品和服务像水和电融入人们的生活一样，为人们带来便捷和愉悦；关注不同地域、群体，并针对不同对象提供差异化的产品和服务；打造开放共赢平台，与合作伙伴共同营造健康的互联网生态环境。

这三条就是腾讯产品的核心价值观。在腾讯工作的时间里，我曾被这样的理念所打动，同时也真切感受过腾讯的产品人为了达成和坚守自己的使命，多么辛苦地付出。这样的精神，融入了腾讯每一款产品的血液中。当产品传播的时候，内在文化会引发用户的共鸣，助力营销推广。

同时，正是由于精神的注入，产品营销才得以成为一项长期的活动，它不仅与单个产品相关，更与品牌传播相连。一款好产品受到品牌文化影响，也会反过来强化品牌文化。在长期的互相作用下，产品和文化的融合度提升，传播力得以加强。

慎选合作方

想要把自己的产品更好地推向市场，售卖出最优的价格，这和你所选择的合作方也有很大的关联。

假设我是一个供货商，机缘巧合之下拿到了一座钻石矿，而消费者对钻石还不太了解。对于他们来说，这不过就是一堆色彩晶莹的石头，没有人会为了买一颗石头花很多钱，即使它和别的石头不一样。

这个时候我遇到了两个人，他们都很看好钻石市场，都想跟我合作。此时，A 对我说：“你跟我合作吧，我会把它打造成一个世界知名品牌，让全世界的人都以买它为骄傲，但是这需要一点时间。”而 B 则告诉我他现在就有个想法，我们马上开干就能赚一大笔钱。

我让 A 和 B 分别描述了他们的想法，A 说，他准备做一支广告片，一对新人在婚礼上，男方为女方虔诚地戴上了钻石戒指，这个时候画面就定格，打出一句经典的广告语：钻石恒久远，一颗永流传。

A 解释说：“我们要让消费者知道，结婚的时候拥有一个钻石戒指，能让爱情更加的永久。随着时间的流逝，钻石不会受到毁坏侵蚀，而会一直流传下去，成为永恒的爱情见证。”

“女人不就是憧憬着这些吗？作为一生中最重要的爱情信物，消费者愿意为之支付高昂的费用。因此，钻戒拥有成为奢侈品的潜力，而我们要告诉消费者，钻石是稀缺的，这将刺激更大规模的购买。”

B 则说：“钻石这么好看，在市场上很少见，我们可以把它做成各种首饰卖钱，价格比其他首饰高，也不怕没人买，并且这样做很快就能够获得收益。”

A、B 两人的想法，代表了两种类型的典型意识，A 是打造品牌的思路，B 则是产品变现的思路。打造一个品牌或许需要的时间更长，投入的精力更多，但它意味着更大的市场，以及带领产品走远路的能力。从这个故事我们可以看到一个合作方对一款产品的重要性，好的合作方能帮助产品看到更远的地方，充分挖掘产品内在潜力，拓展产品的生命线。

在互联网领域，有许多研发战斗力很强的小型产品公司，它们在研发了软件或者是游戏之后，由于自身的局限性，不能把产品更好地推向市场。这时，它们会考虑把产品交给大公司代理，这样的做法自然是可行的。

对于《奇迹暖暖》和《暖暖环游世界》两款游戏，游戏玩家们不会陌生。这两款游戏可以说是姊妹篇，但游戏中又有不同的玩法和不同的画面。从背景信息来看，这两款游戏都是由苏州叠纸网络科技有限公司（以下简称叠纸公司）制作，先有《暖暖环游世界》，再有《奇迹暖暖》。

在代理商选择上，《暖暖环游世界》先是由猎豹移动代理，后来叠纸公司收回了代理权，自己运营。而《奇迹暖暖》一直由腾讯掌握着独家代理权。借助腾讯的推广平台，《奇迹暖暖》收获了诸多的玩家，而且还有许多玩家因为喜欢玩《奇迹暖暖》而去体验《暖暖环游世界》，成为两款游戏的玩家。

选择好的合作伙伴，就有可能达到 1+1>2 的效果。

其中需要特别注意的是，在选择合作伙伴时要牢记产品品牌定位。如果合作方传递的品牌联想和产品的品牌不一致，或者合作方价值观和产品不统一，那么合作都会损害产品的品牌或定位。这样的合作伙伴即使能给产品带来一时风光，也终究长远不了。

良好的合作，一定是建立在双方气味相投、互助互信的基础之上。若不然，后续问题将给产品带来重重困扰。

第五章

企业战略与产品

腾讯曾被认为是一家产品驱动型公司。一方面，腾讯做出了许多优秀的产品，给人留下了深刻印象；另一方面，腾讯内部的组织架构、管理方式以及战略布局都与产品密切相关。人们都关注好产品，却很少会问，腾讯为什么会去做？

其实从 QQ 开始，腾讯研发每款产品的背后都是企业战略在做指引。腾讯创业之初，推出的“无线网络寻呼系统”无人问津，寻呼机行业迅速萎缩。因此，推出 QQ 这一新产品，也许能够改变现状，抓住新机遇。

这些年来，腾讯在各种产品中进行着做与不做的选择。有时候选对，有时候选错。这些选择，就是腾讯产品战略最重要的一部分。随着公司的发展，企业战略变得越来越清晰，对产品的指引作用也越来越大。简而言之，公司战略决定了产品的有无，而战略落地需要产品牵动。

第一节　取舍之道

剪枝的力量

企业战略与植物修枝剪叶有异曲同工之处。从科普常识来说，植物的生长靠的是体内的生长素，而生长素一般会集中在植物枝丫的顶端。遗憾的是，生长素促进顶端的生长，却会抑制旁边枝丫的生长。所以，要提前剪掉不必要的枝丫，留下优质的枝条，才能使养分集中到新的健康枝丫，让其健康成长。战略的核心，就像种花种果一样，需要剪枝修叶，在适当的时候做好减法，才有可能让公司大树的枝头挂满累累果实。

每个企业都有一把剪刀，经过它的修剪，企业能够茁壮成长。如果再用大树来比喻腾讯，产品就是树上挂的果实，战略修剪合理，果实会长得更好，果树也会健康生长；反之，果树不开花、不结果，会变得了无生气。腾讯战略的变化，从产品变化上便能窥见一二。

从 1999 年到 2003 年，腾讯从产品起家，成功地将 QQ 打造为一款网络即时通信的爆品，可爱的企鹅头像深深植入了网民心中，腾讯也依靠流量优势成为中国互联网领域比较具有盈利能力的公司。直至今日，在PC端的聊天工具中，QQ依然是国内市场的霸主。

在2003年到2010年期间，腾讯全力进入互联网其他领域，如门户网站、游戏、娱乐应用等等。如此，全方位的发展使得腾讯成为一家拥有足够分量的公司，很快与阿里巴巴、百度一起成为国内三大互联网巨头。不过，腾讯很快意识到了问题。什么都想做，或许意味着什么都做不好。公司需要的不是包罗万象的产品，而是真正称得上伟大的产品。

当对于产品的荣誉感和责任感再次回归的时候，腾讯在2010年选择了新的战略——开放，合作，并强调原创创新。如果说前两个阶段的腾讯战略都是在环境作用下自然产生的，那么在第三阶段，腾讯第一次有意地进行了战略规划。

新的战略也由产品来说话。这一次，微信的问世让腾讯重回荣誉宝座。2011年1月21日，腾讯推出了一款面向智能终端的即时通信软件。人们很快适应了一键语音为交流带来的快捷与亲切。“晒”朋友圈，分享日常生活，基于熟人关系的社交圈，将人与人之间的距离无限拉近。微信迅速成长为国民社交APP，在腾讯公布的2019年第一季业绩报告显示：首季微信及WeChat的合并月活跃账户数达11.12亿。腾讯再次用产品占领了用户的心智。而这一次，它变得聪明、理智，改掉了贪心的毛病。

抛弃了一家独大的思想后，腾讯变得灵活、友善。比如，腾讯之前自己研发运营拍拍、QQ 商城等电商产品，但效果都不尽人意。在这之后，腾讯通过孵化创新、投资收购等方式，不断扩大生态圈。几年来，腾讯入股或孵化了京东、华谊兄弟、顺网科技、掌趣科技、永辉超市等众多公司。2014 年，京东上市之前，腾讯以 2.1466 亿美元投资京东，获得 15% 股份。2016 年，腾讯成为京东第一大股东，占股 21.25%。2015 年，腾讯就开始投资移动生鲜电商每日优鲜，在其 A 轮、B 轮、C 轮融资中持续投入，还在 2017 年领投了由每日优鲜孵化的无人零售项目便利购。2018 年，腾讯与永辉超市、屈臣氏系的百佳中国一起合资设立一家企业。其中，腾讯投入现金 1.25 亿元，占比 10%。

2012 年，腾讯市值为 400 亿美金左右，而到 2016 年已经达到 2000 亿美元规模，四年时间涨了五倍。2019 年，其市值已超 4000 亿美元。这足以说明正确的战略决策能够带给公司巨大转变。直至今日，腾讯已成为生态型企业，内容创作者、应用开发者、微商等都生存在这一生态圈内。这一生态体系并非一日建成，而是通过大大小小的战略规划，引导公司成为一个生态企业。

从 2018 年开始，腾讯又提出 CTB 战略（Customer to Business），希望将自身在消费互联网时代积累的经验、技术和能力充分释放出来，助力各行各业在产业互联网的发展。为了完成这一目标，2018 年 9 月，腾讯完成自 2012 年以来的首次组织架构调整，新成立了云与智慧产业事业群，目标针对智慧零售、智慧医疗、智慧出行等垂直领域，提供数字化解决方案等产品服务。

以智慧零售为例，腾讯联合沃尔玛、优衣库、万达广场等众多零售巨头，打造了服务零售行业的众多数字化产品，比如提升结算效率的“扫码购”，实现门店和购物中心客流数字化的“优mall”智慧解决方案，帮助零售商建立微信生态内自营业态的“com2.0”等。这些服务B端的产品，正在让腾讯与产业连接得更为紧密，助其实现产业互联网战略目标。

在整体中考量

当我们达成了战略修剪的共识之后，却往往不知道修剪成什么样的状态，才算合理。现在，让我们回到战略是什么的问题上来。

哈佛大学商学研究院著名教授迈克尔·波特（Michael E.Porter）在定义战略时提出，所谓战略，就是在企业各项运营活动之间建立一种配称。战略的成功，依靠的不仅仅是完成几件事情，而是要完成许多事情，并对各项活动进行统筹兼顾。

这句话有两层含义：其一，战略是企业各项运营活动的综合体；其二，在做战略决策的时候，需要将其放在整体中考量。不管是培育新枝还是减掉坏枝，都应该有一个核心准则，围绕一个中心来规划，才不会轻易陷入杂乱无章的境地。

再讲一个故事。听闻褚时健老人在云南哀牢山种的橙子特别好，山上的风景也非常优美，我们曾经慕名前往褚橙庄园，希望一睹果园的风采。在庄园里，我们碰到了果园的一位小组长，于是便和他攀谈起来。

> “这里的橙子这么好，是因为太阳的关系吗？”
> “不仅仅是。”
> “那是因为水源好？灌溉充足吗？”
> “水当然重要了。”
> “施肥呢？”
> “我们用的自制有机肥，肥料好也很重要哟。”
> “修枝呢？”
> “不修枝，果子就长不好啊。”
> “要捉虫子吗？”
> “要呀，就算用手抓，也要把虫子全部消灭。”
> ……

关于种植的每一个细节，在他看来都不容忽视。比如果树的株距，如果太远了，亩植量太少，产量低；如果太近，相互之间遮挡了阳光，光照不足，果子长不好。所以，褚橙庄园在多次试验后，保持3米×4米的密度进行栽植，这样的距离正好。在具体栽种时，如果出现了误差，就需要返工重做。

为了培育出可口香甜的橙子，农人们从植树到摘果，每一个步骤都谨慎细心。因为只有把每个环节和步骤做好，才有可能收获胜利的果实。那么，再看战略，它和果树种植系统也是一样的，只有各个部分互相配合运动，才有可能达到理想的状态。

至于“腾讯战略”这棵树，产品就是树上的一颗颗果实。虽然腾讯不会仅依靠产品发展，但是可以肯定地说，腾讯对优秀的产品有永无止境的渴求。这种渴求，非常强烈，在危难之时，它甚至能够激发创造力，产生自我生长力。

每一款产品的生长，都需要研发设计、组织管理、营销推广、销售渠道等环节的支撑，它们肩负着为产品果实输送养分的职责。做好单一产品的配称还不够，产品与产品之间，也存在一种配称关系，如果一款产品影响了另一款产品的生长壮大，那么把它留下还是去掉？某个枝丫上的果实长得虽不错，但它和整体不协调，这时候把它丢掉还是保留？产品和产品之间、每一款产品内部，都存在配称关系，能不能结合环境因素，做出剪或留的决定，极其重要。

企业大树的修剪活动，往往决定着企业的生死。那些手握剪刀的战略大师，无不是干脆利落、大刀阔斧，将企业修剪成一件常人难以企及的艺术品。无论是带领 GE（通用电气公司）十年改革的杰克·韦尔奇（Jack Welch），还是拯救日本航空公司于水火之中的稻盛和夫，这些大师级的人物无不是冲破阻力，重新进行战略重组，才让企业重获新生。

第二节　构建壁垒

迈克尔·波特（Michael E.Porter）提出“三种竞争战略”，分别是：

☆ 成本领先战略：把成本控制到比竞争者更低的程度；

☆ 差异化战略：在企业产品和服务中形成与众不同的特色，让顾客感觉到你比其他竞争者提供了更多的价值；

☆ 集中化战略：企业致力于服务于某一特定的市场细分、某一特定的产品种类或某一特定的地理范围。

如今，距波特所著《竞争战略》一书已经过去 30 多年，他提出的关于竞争战略的思想，也广为流传。关于这三种竞争战略的典型案例，数不胜数，似乎每个企业都“逃”不过这三大框架。而利用这三种战略，也可以帮助产品建立起坚固的壁垒。

在工业生产制造时代，企业最常使用的是成本领先战略。竞争对手之间比拼机器设备、比拼原材料、比拼谁的工人效率高……低成本高效率，是很多企业的第一大宗旨。类似“时间就是生命”这样的口号，就是工业生产时代的经典语录。

现实的问题是，制造业发展至今，很多行业的成本水平已经比较稳定，各家公司成本差不多。也就是说，在成本方面，想要拉开距离，非常艰难。当成本优势逐渐弱化之后，差异化战略和集中化战略成为新的“作战武器”。有一些公司，集中深耕一个特定的行业，成为行业的隐形冠军。这些公司所在的市场不会很大，但它们在领域里有独特的支配地位，这种地位通常比较牢固，其他对手难以超越。不过，很少有大公司会将自己局限在某一个特定领域。

差异化战略成为更多企业的选择。而唯有持续创新，才有可能创造差异。但在创新路上，很可能误入歧途。美国哈佛商学院教授克莱顿·克里斯坦森（Clayton M.Christensen）在《创新者的窘境》一书中一针见血地指出，一些曾经受人尊崇的企业，因为没有把握住市场与技术突破性变化的时机，一味地追求管理，忽略了创新变化，最终丧失了行业领先地位。他的警示，让许多大公司惊醒，纷纷自查是否被往日的辉煌成就绊住了创新的双脚。

不管是大企业，还是小公司，在设计研发产品的时候，总是削尖了脑袋地想要创新，梦想打造独一无二、世界仅此一家的产品。顺着这样的想法，许多人走进了创新的黑洞，为了创新而创新，深陷错误的空间，最终消亡。一些错误的观念，阻碍了真正的创新，让人们在创新路上铩羽而归。

错误一：崇拜金点子。

“这个点子值 100 万。”

“肯定没有人想到了这个办法。”

“这个主意太棒了！一定能够成功！”

……

但凡是这样思考的人，大部分会因异想天开而遭受重重的打击。当真正在实践中的时候，你会发现，原来有太多人和你有相同的想法，你的点子根本不值钱。当你认为你的想法是全世界限量的时候，先冷静下来，问一句，其他人为什么不做呢？

有些伟大的创新产品，在外人看来是独此一家的，实际是因为大多数人不知道，在同一领域，已有很多早期的失败产品。每一天，都会有无数的独特想法从人们的脑子里迸发。但一个绝佳的想法，成就不了企业。在差异化竞争战略中，产生差距的不是点子，而是执行。谁能更高效地落实想法，谁离成功就更近一步。动脑和动手，缺一不可。有人常常郁闷地抱怨说：“我当时想得比他还周全，计划更完美，他却成功了。”其硬伤在于：产生想法之后，到底做了多少？

创新路漫漫，仅有一个起点是不够的。如果我们能把关注点从一个想法转变到培育、执行上来，或许就能有一个更美好的结局。

错误二：创新就是绝对独一无二。

世界上没有两片相同的叶子，但有相似的产品。

说到差异化创新，就必须提到创新和抄袭的关系。所谓的模仿和抄袭，其实是关于要不要重复造轮子的问题。有的解决方案，放在各种环境中都适合，是已经完成了而且被验证成功的方案。而且，这个方案所定位的市场用户也和你计划的一样。这时候，需要再做一个完全不一样的方案去创新吗？这不叫创新，而是浪费成本。

市场中已经有公开的成熟方案，正好能够供你使用，有必要重新设计吗？这是一个伪命题。从商业角度来说，不去重新计算一遍，很大程度上是基于成本的考量，而不是因为抄过来就会好用。

日本汽车在进军美国市场时，也曾被指抄袭美国汽车。但实际上，日本汽车是在完全吸收消化了美国汽车的经验之后，再改良提升优化，生产出更高品质的产品。在科学领域，科学家站在巨人的肩膀上，再去寻找有没有新的可能，创造新的价值。在这样的过程中，科技不断进步。

可以说，一切创新创造的工作，都不是天马行空的想象。而是在一定成熟经验上的再创新。回到产品思考来说，创新和抄袭这不是一个问题，很多产品经理也不屑于辩驳。对那些不假思索说抄袭的人，可以直接判断，他是个外行。

三种竞争战略各有各的长处，应当根据不同的环境和发展阶段进行不同的选择。但值得注意的是，不管是制定企业战略，还是产品战略，使用其中任何一种战略的时候，另外两种战略就是无效的，如果同时使用两种或三种战略，可能会相互干扰而失灵。

那么，接下来的问题是，在构建行业或产品壁垒时，如何才能在三种竞争战略中做出正确的选择呢？波特提出，每个行业中存在着相同的五种力量，它们综合起来影响着企业的竞争战略决策。也就是说，通过对五种力量的分析，企业可能会找到较为精准的市场定位，找到战略切入口。

波特提出的五种力量，分别为：同行业内现有竞争者的竞争能力、潜在竞争者进入的能力、替代品的替代能力、供应商的议价能力、购买者的议价能力。

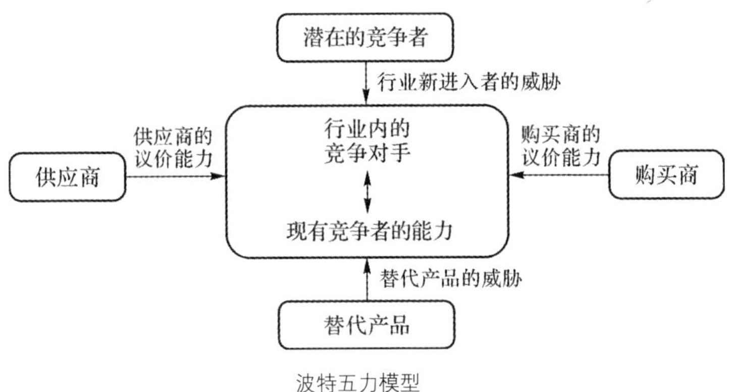

波特五力模型

波特五力模型与三种战略的关系表

行业内的五种力量	三种战略		
	成本领先战略	差异化战略	集中化战略
进入障碍	具备杀价能力以阻止潜在对手的进入	培育顾客忠诚度以挫伤潜在进入者的信心	通过集中战略建立核心能力以阻止潜在对手的进入
买方议价能力	具备向大买家出更低价格的能力	因为选择范围小而削弱了大买家的谈判能力	因为没有选择范围使大买家丧失谈判能力
供方议价能力	更好地抑制大卖家的砍价能力	更好地将供方的涨价部分转嫁给顾客方	进货量低，供方的砍价能力就高，但集中差异化的公司能更好地将供方的涨价部分转嫁出去
替代品的威胁	能够利用低价抵御替代品	顾客习惯于一种独特的产品或服务因而降低了替代品的威胁	特殊的产品和核心能力能够防止替代品的威胁
行业内对手的竞争	能更好地进行价格竞争	品牌忠诚度能使顾客不理睬你的竞争对手	竞争对手无法满足集中差异化顾客的需求

产品不是孤立存在的。一款产品的诞生，受到了诸多环境因素的影响。已有竞争者、潜在进入者、替代产品、供应商和购买商，这五种角色制约着一款产品的产生和发展。

要通过分析别人的状态，找到属于自己的突破性特质，而不是闭门造车。市场决定了产品方向，基于关系和市场的角度，去找切入点，不失为一个科学有效的办法。

比如在打车软件刚兴起的时候，五种力量都很强大：现有竞争对手展开激烈的价格战；新进入者源源不断；替代品（出租车、自行车、电动车）可以轻易获得；客户还在培养中，缺乏忠诚度；行业供应商——大量使用打车软件的司机，他们也缺乏忠诚度，哪家平台补贴多，他们就去哪里当司机。

有没有一个办法能够削弱这五种力量，让产品成为最后的胜利者呢？

打车软件几乎不约而同地选择了低价策略。通过免费或者补贴的价格，阻止潜在对手的进入，让买方乘客获利，供应端的司机也享受补贴，使用的人就更多了。再者，既然用坐公交的钱就能打车，乘客也就减少了使用其他替代交通工具的次数。

毫不夸张地说，在打车软件发展初期，看起来不太高级的价格战，正是符合当时环境条件的最佳创新战略。一方面，打车软件的低价是亏本经营，它不像传统企业那样，即便成本再低，也要卖一单赚一单。它们是亏着本也要把价格降下去。另一方面，几款严重同质化的产品，如果在设计和服务方面一时间找不到更好的突破口，那就只能依靠低价来实现差异。在一款复制性极强的产品发展初期，只有占领了足够大的市场，才有可能依靠后续的差异化战略竞争市场。

第三节　开拓蓝海市场

在大自然世界，蓝色大海纯净、梦幻；在商业世界，蓝色大海代表着机会和充满希望的未来。

2005 年，欧洲工商管理学院的 W. 钱・金（W.Chan Kim）和莫博涅（Mauborgne）两位教授合著的《蓝海战略》一书刚面世，就获得了读者们的盛赞。在书中，他们把通过降价、争取效率等手段进行竞争的现有市场称为“红海”，而将由价值创新开创的、无人争抢的市场空间称为“蓝海”。

在许多 CEO 眼中，这是一本给他们带来希望与机遇的好书。十年时间，这本《蓝海战略》在全球销售了 350 万册。商业人士们评论称，这本书引领了企业管理领域的范式性转变。

这本神奇的书，到底改变了什么？

在商业领域，很长一段时间，我们坚信波特的“三种竞争战略”。为了战胜对手，各个企业使出浑身解数，在残酷的竞争战场中夺取市场，为了一点利益，不惜与对手大打出手，也为了寻求差异化而头痛不已。这样有你没我的惨烈竞争，让人们感到疲惫。尤其在市场成熟之后，企业如果还在里面厮杀，最后就会葬身在一片血腥的红海中。

而蓝海战略则提醒了那些在战争中疲惫不堪的人们，不要贪恋战场。如果及时转变思维，就有希望找到新世界的大门。在蓝海战略中，争夺目标不是现有市场顾客，它关注的是开辟新战场，培养那些有潜在需求的顾客。通过增加或者完全创新一个新的价值主张，甚至创造前所未有的新体验，让消费者感觉到差异化。

还有一点让CEO们欣喜不已：蓝海战略提出，蓝海多为行业内既有企业所开创，而且通常是在自己的核心业务之内。也就是说，在寻找蓝海的时候，既有企业拥有优势，并不会输于那些看起来更灵活的初创企业。很多时候，既有企业只是没有发现身边潜在的机遇。

在微信赢得移动社交市场之后，我们再回过头去看，为什么又是腾讯呢？忘掉移动社交，我们再看看腾讯做过的那些事：下载软件——超级旋风；搜索软件——soso；电商——拍拍网；视频播放器——QQ影音……在这些产品里面，有几个被人记住了？

“腾讯有社交产品的基因”，相信这句话会得到不少人的认可。阿里巴巴做电商很棒，腾讯做社交产品很厉害，这不是淘宝或者QQ带来的标签，而是从本质上来说，它们的确就擅长这样的领域。阿里巴巴把淘宝、天猫做大了，积累了别人无法超越的经验；腾讯把QQ做大了，成为社交软件领域的老大。

既然拥有强大的技能，何不去找一块新的蓝海市场，让旧技能发散新的光芒？虽然开创蓝海市场有时候会需要一些新的尖端技术助攻，但并不是说开拓蓝海市场必须要有超前的技术创新。撬动蓝海市场，对于企业真正的挑战在于，把技术和顾客认为有价值的东西联系起来，让两者的碰撞产生出美丽的火花。

实际上，如果回到改革开放初期，我国商业刚兴起的时候，至少在十年时间里，各行各业的人们都体验过蓝海的美妙。那时候，需求大于供给，不管是电视、台灯，还是食品、服装，似乎都不愁卖。不过，一旦经济发展到了一定阶段，未被开垦的“处女地”就会越来越难找，也越来越小。如果仍然靠随机抓取商机，或许你就再也看不到蓝海了。

再比如，腾讯在创立之时，我国互联网领域刚萌芽。我们现在所熟悉的一大批互联网公司，阿里巴巴、百度、京东、网易、搜狐、新浪、携程等等，都是和腾讯一起在同一时期成立的。那时候，对于这些公司来说，互联网就是一块尚未被开垦的处女地，是一片广袤的蓝海。

而如今，互联网这片蓝海已经成熟了很多，更高级的蓝海，需要运用智慧和经验去开拓。这时候就对产品提出了新的要求：既能降低自身成本，又能给顾客创造更多的价值，这样才有可能开创出一片新蓝海。用微信来举例，微信产品的挑战在于把既有的技术和用户的移动社交需求联系起来，用朴实的技术去实现用户需求，而不是在用户面前炫耀技术有多么的高超。

降低成本，可以通过消除或减少行业竞争来实现，如果你有成熟的技术、专家人员，或者别人没有的营销资源，那么你的成本就得到了控制。而顾客价值的提高，则需要增加或创造行业里从来没有提供过的要素。在蓝海战略中，我们可以从顾客价值感知的层面去重塑战略。

在这里，价值曲线的意义就非常重要了。完成价值曲线图的制作大致需要四步：

第一，在理解目标行业的基础上，从用户感知的角度，进行重点要素提炼，形成横轴；

第二，根据这些关键要素，在纵轴上，设定分数范围；

第三，设计问卷进行市场调研，让顾客根据各个要素，给自己的产品和竞争对手产品分别打分；

第四，连接各个分值点，完成价值曲线图。

那么下一步，我们拿价值曲线图来做什么呢？——做蓝海战略加减法。

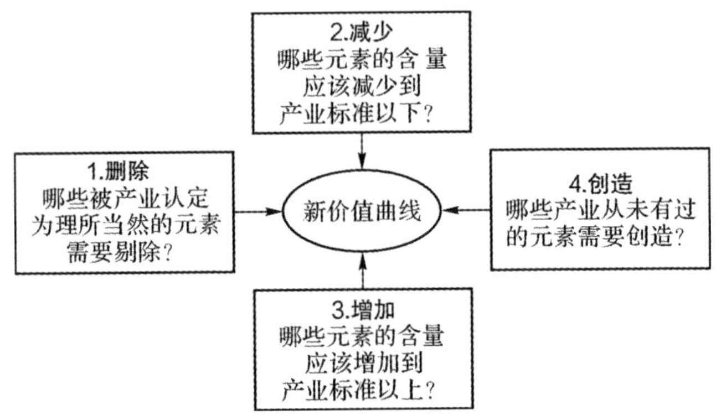

“四步框架”塑造全新价值曲线图

通过价值链因素的增加或减少，我们可以创造全新的产品。对于那些顾客价值感知度很低，但成本高的环节，就要控制成本。而对于顾客感知度高的环节，就增加成本的比重。

下图为某白酒品牌的价值曲线图，根据图标分析可见，该品牌白酒在饮后舒适感、压力程度、场景针对性、情感共鸣度、互动性五大方面有较为明显的优势，在口感、容量、价格、外包装方面和传统型白酒存在差异。根据价值曲线图，该品牌在产品战略上，进行了如下新规划：

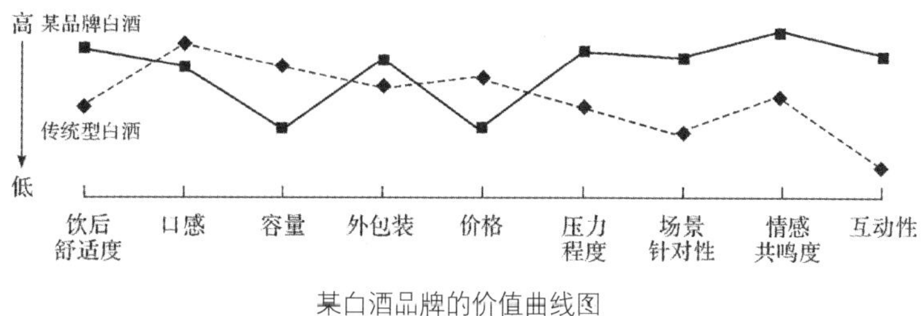

某白酒品牌的价值曲线图

☆ 剔除传统白酒豪华的包装，改用简易有趣的包装，吸引年轻客人买好喝的白酒；

☆ 通过降低度数，减少每瓶容量，减轻饮酒后的不舒适感，让那些喝啤酒、鸡尾酒的顾客，也能喝白酒；

☆ 增加白酒的香甜味，让口感更顺滑，并且加大在情感共鸣度、互动性等营销方面的打造力度，拉开与传统白酒的差距；

☆ 创造传统白酒没有的有趣、易饮两大要素，让这款白酒成为大众饮品，像卖饮料一样卖白酒。

描绘价值曲线，是帮助产品经理在规划产品的时候，用好手里的剪刀，哪些地方需要剪短，哪些地方需要彻底剪掉，清晰明了。正是因为用好了这把剪刀，腾讯在 2011 年没有去做网站，没有去做电商，没有去做直播软件，而是选择了移动社交应用。

我们不妨思考，如果自己是腾讯产品战略设计师，面对移动社交、网页社交、网页游戏、电商网站、视频、打车软件、团购软件、旅行 App 等产品，你会选择做怎样的加减法？在已有的产品格局下，腾讯的下一个蓝海产品有可能是什么？

我们所处的世界，无时无刻不在变化，尤其在互联网时代，以及未来的人工智能时代，世界的变化会越来越迅速。这就意味着，蓝海和红海之间的转化周期会缩短，这就反过来要求企业能够以更快的速度找到蓝海市场，并且尽快占领它。

无论在哪个时代，时间都不会等人。以往，我们通常做的是五年十年这样的长期战略，而如今，越来越多的短期战略成为必需。为了应对市场的变化，短期战略的地位得到了提升。这就要求各企业理清楚，什么是绝对不能变的，什么是可以变化的。

再讲一个经典的战略概念。

1963 年，布鲁斯·亨德森（Bruce Henderson）创立了波士顿咨询公司，为银行业提供咨询服务。布鲁斯曾就读于哈佛商学院，没等拿到文凭，他就进入西屋公司工作，成为公司历史上最年轻的副总裁之一。创立波士顿咨询公司之时，布鲁斯对企业战略还没有系统地研究。不过，七年后，他带着著名的波士顿矩阵法，让波士顿咨询公司名声大振。

直至今日，波士顿矩阵法也是一个不过时的经典分析工具。波士顿矩阵法将一个公司的业务形象化地分成四种类型：问题业务、明星业务、现金牛业务和瘦狗业务。我们不妨把矩阵图中的“业务”二字替换为“产品”，对一个公司的产品进行分析阐述。

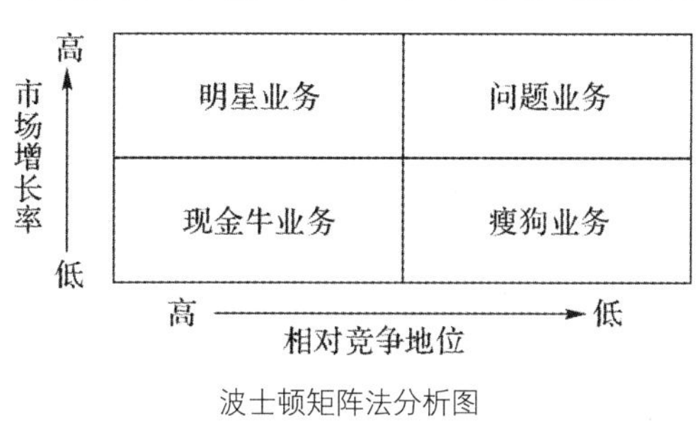

波士顿矩阵法分析图

问题产品，是指具有高市场增长率，但市场份额相对较低的产品，主要用来描述初创产品。这样的产品，需要公司投入资金和资源去发展。通常，一个公司会有多个问题产品出现，这时候就要做出选择，做哪个？放弃哪个？

一旦做出选择，公司就会投入人力物力去推动这款产品的成长。如果发展顺利，问题产品在夺得了足够高的市场份额之后，就可能会变成明星产品。那些高市场成长率、高相对市场份额的产品，就叫作明星产品。这样的产品，会给企业带来不错的收益，但与此同时，它还是需要大量资金和资源的“投食”，以继续成长壮大。

当市场成熟之后，增长率会面临下滑，曾经的明星业务已经夺得了足够大的市场份额，成为现金牛产品。此时，企业对于该产品的投资成本已经恒定，不用再进行大量投资来扩大规模。在这样的状态下，该产品的发挥也很稳定，能够源源不断地给企业创造高额利润。

如此，在顺利成长的条件下，一款产品能够从问题产品一路变身成为现金牛产品。相反，如果不顺利，问题产品会成为瘦狗产品，这样的产品在市场增长率和相对市场份额方面都很低。很多时候都是这样的，刚开始以为是一个增长型的产品，后来发现根本没有市场可言。又或者由于经营不当，问题产品没能获得足够大的市场，被竞争对手干掉了。

另外，按照产品的自然运行轨迹，现金牛产品最终也可能变成瘦狗产品。比如，市场萎缩、消费者不再有需求了等原因，都可能结束产品的生命。

再回到之前的问题：什么是绝对不能变，什么是可以变化的？如果单就产品来说，这世界上没有不变的产品。每一款产品都承载着美好的期待问世，企业对其倾注了无私的爱，享受和它在一起最美好的时光。正因为有美好的回忆和意义，当产品成为瘦狗的时候，公司往往舍不得丢掉。但大家心里很清楚，如果继续留恋，只会增加拖累和负担。不管是在腾讯还是其他公司，每款产品都会有自己的生命周期。一路坚持，适时放弃，则是最好的选择。

近年来，腾讯依托微信生态推出小程序产品，在游戏领域打造了《王者荣耀》这样的现象级产品，或许在不久的将来，我们会看到腾讯进军机器人、大数据等新领域。

一个公司的发展，是在时代潮流之中进行的，它必须抓住潮流中关键的节点，才有可能在一波又一波浪潮中，冲向顶端。那些历经考验的企业，无不是在浪潮中积极转变产品战略，才存活至今。比如 GE 公司，只要提起电灯，人们就很快能够联想到 GE。而如今，GE 早已不再仅仅是卖灯泡的公司，它的产品版图涉及发动机、金融、航空、医疗器械、能源等领域，成为一家庞大的综合性企业。

拓宽视野，放眼更宽阔的领域，这应当是每一家公司谨记的信条。如果有一天，腾讯的 QQ 关闭了，微信关闭了，手游也没有了，现在能看到的所有产品都一一结束了自己的生命周期，但只要腾讯保持那颗做好产品的初心，及时调整战略，迎接时代挑战，相信用户会看到更多更优秀的产品。

后记

蓝狮子文化创意股份有限公司的邀约是本书创作的契机，在本书结尾我想感谢编辑团队在本书出版过程中所付出的努力，感谢编辑陈一宁、李姗姗。感谢考拉看看创始人马玥，是你的鼓励让我提笔写作，是考拉看看的坚持给予了我创作的勇气。感谢我的工作伙伴熊玥伽、陈兰、李亦花等，谢谢你们信任我、激励我、帮助我，为我提供了宽容的创作空间。

感谢在2010—2014年年初参与QQ同步助手项目的伙伴们（以拼音为序）：岑子豪、陈建斌、陈江峰、陈小燕、陈振军、邓颖茹、冯家耀、何竞、黄佳洲、黄露怡、江启泉、李世杰、林泉、林伟兵、林政、刘方敏、刘林鹏、罗锦坚、彭斐、邱国栋、申婷、翁镇专、吴志刚、冼锡强、曾星、张欣欣、赵雪雅、赵燕。感谢你们包容我的无知，领我跨进了产品设计的大门。

感谢之前短暂合作过的同事，包括QQ秀同事兰军、苏菲菲、王贺、赵蕾等，以及2014年后合作过的同事徐开富、张作舟等，感谢你们的包容和帮助，让我学会了很多好方法。

感谢得到、混沌大学、馒头商学院等知识应用，我从中受益良多。

最后，关于本书如有任何意见或建议，还请读者不吝反馈，帮助我与你们一同成长。

图书在版编目（CIP）数据

腾讯产品法 / 李立著；—第二版. —杭州：浙江大学出版社，2020.5
ISBN 978-7-308-20067-7

Ⅰ. ①腾… Ⅱ. ①李… Ⅲ. ①网络公司-企业管理-产品管理-经验-中国 Ⅳ. ①F279.244.4

中国版本图书馆CIP数据核字（2020）第034979号

腾讯产品法（第二版）
李 立 著

策　　划 杭州蓝狮子文化创意股份有限公司
责任编辑 卢 川
责任校对 刘葭子
封面设计 水玉银文化
出版发行 浙江大学出版社
（杭州市天目山路148号 邮政编码 310007）
（网址：http://www.zjupress.com）
排　　版 杭州林智广告有限公司
印　　刷 杭州钱江彩色印务有限公司
开　　本 880mm×1230mm 1/32
印　　张 8.75
字　　数 172千
版 印 次 2020年5月第2版 2020年5月第1次印刷
书　　号 ISBN 978-7-308-20067-7
定　　价 58.00元

浙江大学出版社市场运营中心联系方式：0571-88925591；http://zjdxcbs.tmall.com